Eberhardt Hofmann   Einstellungsgespräche führen

Eberhardt Hofmann

Einstellungsgespräche führen

Bewerber aus der Reserve locken

2. Auflage

Luchterhand

Die Deutsche Bibliothek – CIP-Einheitsaufnahme

Hofmann, Eberhardt:
Einstellungsgespräche führen : Bewerber aus der Reserve locken /
Eberhardt Hofmann. – 2. Aufl. – Neuwied ; Kriftel : Luchterhand, 2000
    ISBN 3-472-04549-3

Umschlaggestaltung: GraphicDesign Reckels & Schneider-Reckels, Wiesbaden
Lektorat: Reiner Straub
Satz: Hümmer GmbH, Waldbüttelbrunn
Druck und Verarbeitung: Wilhelm & Adam, Heusenstamm
Printed in Germany · September 2000

Gedruckt auf säurefreiem, alterungsbeständigem und chlorfreiem Papier

Für Ingrid

»Wenn man glaubt, die Probanden würden ›naiv‹ antworten, ist man naiver als seine Probanden.«   Raymond B. Cattell

Einführung

Ein zentrales Problem bei der Erhebung von Informationen im Rahmen eines Vorstellungsgespräches besteht darin, daß die Bewerber in aller Regel nicht einfach spontan und nach bestem Gewissen auf die jeweiligen Fragen antworten. Die Antworten werden dagegen eher überlegt, taktisch und reflektiert gegeben. Diese Tendenz wird durch die inflationär anwachsende Zahl von Ratgebern für Bewerber noch verstärkt.

Die zentralen Thesen dieses Buches lauten daher:

- Bewerber verhalten sich in Vorstellungsgesprächen nicht »natürlich«, nicht »spontan«, sie reagieren (bewußt oder unbewußt) nicht so, wie sie sich »normalerweise« verhalten würden, sondern in einer mehr oder weniger verzerrten Art und Weise.
- Dadurch wird die Validität des Vorstellungsgespräches stark eingeschränkt, sie hängt aber auch stark von der Kompetenz des Interviewers ab.

Diese Thesen werden außer durch die eigenen Erfahrungen, die sicherlich jeder in der Rolle des Bewerbers gemacht hat, durch einige weitere Fakten gestützt:

- Nach einer Untersuchung von Graudenz (1987) berichten mehr als die Hälfte der Bewerber, daß sie sich in irgendeiner Weise auf eignungsdiagnostische Situationen vorbereiten, häufig geschieht dies mit Testtrainingshandbüchern. Diese Aussagen, die sich allgemein auf eignungsdiagnostische Situationen beziehen, werden in einem noch stärkeren Ausmaß auf die besondere eignungsdiagnostische Situation des Vorstellungsgespräches zutreffen, da das Ergebnis dieses Gespräches natürlich sehr weitreichende Konsequenzen haben kann. Noch verstärkt wird dies durch die anhaltende Stellenknappheit auf allen Ebenen und in fast allen Branchen.
- Man weiß, daß sich Versuchspersonen selbst bei relativ unverfänglichen psychologischen Experimenten nicht so verhalten, wie sie es normalerweise tun würden (z. B. Gniech, 1982). Es wird geschätzt, daß nur ca. 15% der Versuchspersonen »gute« Versuchspersonen sind, die sich bei psychologischen Experimenten spontan, natürlich, unkontrolliert verhalten. Was für psychologische Experimente zutrifft, gilt sehr wahrscheinlich auch für andere Situationen, bei denen die »Versuchsperson« mit einem für sie nicht oder nicht voll transparenten Verfahren konfrontiert wird, das eine wie auch immer geartete Einschätzung ihrer Persönlichkeit zum Ziel hat, wie dies auch im Vorstellungsgespräch der Fall ist.

- In manchen Studiengängen (besonders im betriebswirtschaftlichen Bereich) sind Bewerbertrainings bereits Bestandteile des normalen Curriculums. Selbst wenn dies nicht der Fall ist, gibt es an fast jeder Hochschule Angebote zu Bewerbertrainings. Im Arbeitsamtsbezirk Oberschwaben existieren z. B. zwei sogenannte »Job Treffs«, in denen Bewerbern bei der Erstellung der Unterlagen geholfen wird und Bewerbertrainings durchgeführt werden. In vielen Förderprogrammen des Arbeitsamtes ist ebenfalls ein Bewerbertraining enthalten. Die Qualität dieser Trainings ist natürlich sehr unterschiedlich. Ein Großteil der selbsternannten Trainer hat noch nie in der Realsituation auf der Arbeitgeberseite ein Einstellungsinterview geführt. Manchmal werden den Bewerbern in solchen Trainings sogar ausgesprochen unsinnige Vorstellungen vom Bewerbergespräch vermittelt. So lautete z. B. eine Seminarausschreibung für ein Bewerbertraining: »Die optimale Vorbereitung auf ein Vorstellungsgespräch sollte genauso aussehen, wie die Vorbereitung eines Schauspielers auf seine Rolle. Ziel ist es, daß der Bewerber sich bei einem Vorstellungsgespräch optimal darstellt.« (Bildungswerk Schloß Hersberg 1998). Unabhängig von der Qualität der in solchen Veranstaltungen gegebenen Verhaltensempfehlungen und deren Umsetzbarkeit im Vorstellungsgespräch kann man davon ausgehen, daß ein Großteil der Bewerber bezüglich des Verhaltens im Gespräch und der zu gebenden Antworten in irgendeiner Art und Weise durch das Lesen von Ratgebern oder den Besuch von Trainings instruiert in ein Vorstellungsgespräch geht, und zumindest versucht, taktisch zu antworten. Dies führt dazu, daß man als Interviewer zunehmend mit vorgestanzten Redewendungen und standardisierten Argumentationen konfrontiert wird.
- Nach einer Untersuchung von Fruhner und Schuler (1987) glauben Bewerber tatsächlich auch, daß sie im Vorstellungsgespräch einen größeren Einfluß auf das Ergebnis haben, als dies bei anderen Auswahlverfahren der Fall ist.

Das oben Gesagte hat zur Folge, daß derjenige, der Einstellungsinterviews zu führen hat, zwei Aufgaben gleichzeitig bewältigen muß. Er muß sich nicht nur Gedanken darüber machen, welche Informationen er im Rahmen des Interviews erhebt und wie er dies tut, er muß zusätzlich dazu auch noch die vom Bewerber erhaltene Information auf ihre »Richtigkeit«, »Authentizität«, »Glaubhaftigkeit« hin beurteilen. Die Hoffnung, der Bewerber werde schon »ehrlich« antworten, da er ja selber ein Interesse daran haben muß, die für ihn passende Stelle zu erhalten, halte ich für sehr illusorisch. Die Situation wird dadurch noch etwas komplizierter, daß die Qualität des Interviews auch von der Interviewerseite her sehr unterschiedlich sein kann. Häufig müssen Fachvorgesetzte ohne spezielle Schulungen Einstellungsinterviews führen. Es wird offenbar häufig davon ausgegangen, daß die Fähigkeit zum Führen von Vorstellungsgesprächen mit der Ernennung zur Führungskraft automatisch mitverliehen wird. Die nachfolgend beschriebenen Techniken sollen dazu dienen, relevante Informationen im Rahmen des Einstellungsinterviews sicherer erhe-

ben zu können und die erhaltenen Informationen auf ihre Richtigkeit hin zu überprüfen.

Die ersten drei Kapitel des vorliegenden Buches beschäftigen sich mit prinzipiellen
Fragen des Vorstellungsgespräches. Im ersten Kapitel wird kurz der Forschungs-
stand zur Brauchbarkeit des Interviews und die sich daraus ergebenden Konsequenzen dargestellt. Das zweite Kapitel befaßt sich mit der kommunikationspsychologi-
schen Situation des Vorstellungsgespräches. Ein gängiges kommunikationspsycho-
logisches Modell wird hierzu um die besonderen Gegebenheiten des Vorstellungsgespräches erweitert. Im dritten Kapitel wird auf einem sozialpsychologischen
Hintergrund auf den (losen) Zusammenhang zwischen verbal geäußerter Verhaltensabsicht und tatsächlichem Verhalten eingegangen.

Nach diesen prinzipiellen und eher theoretischen Überlegungen beschäftigen sich
die Kapitel vier bis neun mit der konkreten Gesprächsführung. Der Schwerpunkt
liegt im Kapitel vier auf der Darstellung von Techniken, mit deren Hilfe man den
Bewerber zum Sprechen bringen kann. Dies ist die Grundvoraussetzung, um von ihm
möglichst viel Informationen zu seiner Person zu erhalten. Das Kapitel fünf beschäftigt sich mit der Notwendigkeit und mit den entsprechenden Techniken, die
Antworten des Bewerbers zu konkretisieren und dadurch den Informationsgehalt
der erhaltenen Antworten zu erhöhen. Das sechste Kapitel stellt zu diesem Zweck
ein formales Modell aus der verhaltenstheoretischen Diagnostik vor, mit dessen
Hilfe man sehr schnell diejenigen Elemente aus den Antworten des Bewerbers identifizieren kann, die bei entsprechendem Nachfragen mit hoher Treffsicherheit relevante Informationen liefern. Gegenstand des siebten Kapitels sind spezielle Fragen
und Fragen, die es bis zu einem gewissen Grad erlauben, die Antworten des Bewerbers auf ihre Richtigkeit hin zu überprüfen. Im Kapitel acht wird eine Methode
dargestellt, um das Antwortverhalten des Bewerbers quantifizierter zu machen.
Im Kapitel neun wird ein beispielhafter und relativ universell verwendbarer Gesprächsplan vorgestellt.

Mit der Bewerberpräsentation, die im Kapitel zehn beschrieben ist, wird der rein
verbale Bereich verlassen und eine Methodik vorgestellt, um innerhalb des Vorstellungsgespräches zu einer Beobachtung realen Verhaltens zu gelangen. Gegenstand
des elften Kapitels sind die eher durchführungstechnischen Rahmenbedingungen,
die beim Vorstellungsgespräch relevant sind. Im zwölften Kapitel werden Trainings-
möglichkeiten beschrieben, die es erlauben, die beschriebenen Techniken systematisch zu erlernen und in realen Gesprächen umzusetzen.

Im Anhang 1 sind Übungen und Beispiellösungen zu den jeweils beschriebenen
Techniken aufgeführt. Der Anhang 2 enthält eine Zusammenstellung der vorgestellten Formblätter und Arbeitshilfen.

Friedrichshafen, August 2000   Eberhardt Hofmann

Inhaltsverzeichnis

1 Untersuchungen zur Brauchbarkeit des Interviews

Dieses Kapitel gibt einen kurzen, auf praxisrelevante Aspekte beschränkten, Überblick über die Forschung, die sich mit der Güte der Vorhersagen beschäftigt, die mit Hilfe eines Einstellungsinterviews getroffen werden können. Die Frage, wie sicher ein Einstellungsinterview denn tatsächlich eine Vorhersage des späteren Berufsweges vorhersagen kann, war ein Schwerpunkt der Forschung in den 80 er Jahren. Betrachtet man die Ergebnisse von Analysen und Metaanalysen (Metaanalysen bewerten verschiedene Untersuchungen und bilden daraus ein Gesamtergebnis) zur Validität von Einstellungsgesprächen, so werden dort Validitätswerte genannt, die auf den ersten Blick nicht sehr ermutigend sind. So berichtet z. B. Arvey & Campion (1982) von Validitätswerten zwischen 0,05 und 0,25, Reilly & Chao (1982) von einem Validitätskoeffizienten von 0,19, Hunter und Hunter (1984) von 0,18, Eckhardt & Schuler (1992) von 0,14, Hunter & Hirsh (1987) von 0,14.

Trotz dieser dürftigen Validitäten ist das Einstellungsinterview jedoch nach wie vor eine wichtige Säule, manchmal sogar das einzige Element zur Begründung von Personalentscheidungen. Die subjektive Nützlichkeit steht dabei in einem gewissen Gegensatz zu der »objektiven« empirischen Validität. Die Frage ist daher berechtigt, woher diese Beliebtheit des Einstellungsinterviews kommt.

1.1 Konkurrente Validität:

Die Validität des Interviews darf nicht nur nach absoluten Zahlen beurteilt werden, sie muß auch immer mit den Validitäten anderer Verfahren und den jeweils benötigten Aufwand verglichen werden, um die Nützlichkeit bewerten zu können. Die Validitätswerte liegen für Tests, bestimmte Arten von Fragebögen und Assessment-Center- Verfahren bei ca. 0,4–0,5. Bei der Bewertung der Nützlichkeit des Interviews ist zusätzlich zu der reinen Validität auch noch Ökonomie des Verfahrens in Rechnung zu stellen. Das Interview ist rein praktisch leicht durchzuführen und bedarf (zumindest vordergründig) relativ weniger Vorbereitung. Ein Interview, das die angegebenen Validitätswerte für alternative Verfahren erreicht, ist somit aufgrund der ökonomischeren Durchführung anderen Verfahren vorzuziehen.

1.2 Steigerung der Validität:

Die oben zitierten Metaanalysen beziehen sich auf »das Interview«. Bei der Führung von Interviews gibt es jedoch beträchtliche Unterschiede. Die Bandbreite reicht dabei von einem »small talk« bis zu komplexen und standardisierten Interviewsystemen. Daher ist die Vermutung sicherlich nicht unberechtigt, daß die Validität eines »guten« Interviews deutlich höher liegen kann als die eingangs berichteten Durchschnittswerte. Je nach der Qualität des Interviews (und natürlich auch der

Kompetenz des Interviewers) dürfte es eine sehr hohe Spreizung der Validitätswerte geben.

Die neuere Forschung beschäftigt sich mit der Frage, wie man die Validität der Interviews steigern kann. Mit Maßnahmen der Validitätssteigerung kann man mittels des Interviews Validitätswerte erreichen, die in der Größenordnung alternativer, aber meist aufwendigerer Verfahren (z. B. Assessment-Center) liegen. So sind z. B. anforderungsbezogene Interviews valider als Interviews, die wenig Anforderungsbezug aufweisen, strukturierte Interviews sind valider als unstrukturierte (z. B. Wiesner und Cronshaw 1988). Deller, Kleinmann und von Hahn (1992) berichten von Validitätskoeffizienten von 0,45 bei der Verwendung eines situativen Interviews. Harris (1989) ermittelte für ein anforderungsbezogenes und hochstrukturiertes Interview bessere Validitäten als bei anderen Interviews. Die Validität des Interviews kann also durchaus die Werte erreichen, die sonst nur mit aufwendigeren Verfahren erreicht werden können.

Fasst man die Bedingungen zusammen (z. B. Schuler, 1998; Sarges, 1996) die die Validität eines Einstellungsinterviews beeinflussen, so ergibt sich folgendes Bild:

Ursachen für geringe Validitäten des Interviews:

- Fehlender oder mangelnder Anforderungsbezug der Fragen
- Unzulängliche Verarbeitung der aufgenommenen Information durch den Interviewer
- Geringe Beurteiler-Übereinstimmung
- Dominantes Gewicht früher Gesprächseindrücke
- Emotionale Einflüsse auf die Urteilsbildung
- Beanspruchung des größten Teils der Gesprächszeit durch den Interviewer

Demgegenüber kann die Validität des Interviews gesteigert werden durch:

Faktoren, die die Validität des Interviews erhöhen:

- Anforderungsbezogene Gestaltung des Interviews
- Durchführung des Interviews in strukturierter bzw. (teil-) standardisierter Form
- Einsatz mehrerer Beurteiler
- Formen des Gruppengespräches (ähnlich einem Assessment-Center)
- Trennen von Sammlung und Bewertung von Informationen
- Training der Interviewer

Die nachfolgenden Kapitel dieses Buches sind so aufgebaut, daß sie diesen Faktoren zur Steigerung der Validität entsprechen.

1.3 Soziale Validität:

Über die reine Vorhersage des zu erwartenden beruflichen Erfolges mit Hilfe statistischer Validitäten hinaus hat das Interview auch noch weitere Funktionen. Diese nicht in reinen Zahlen zu fassende, aber dennoch relevante Art der Validität wird als »soziale Validität« bezeichnet. Der Begriff der »sozialen Validität« wurde von Schuler & Stehle (1983) geprägt und umfaßt alle Aspekte, die den eignungsdiagnostischen Prozeß zu einem sozial akzeptablen Prozeß machen. Ein Verfahren hat dann eine hohe soziale Validität, wenn es allgemein akzeptiert wird und wenn es dem Bewerber das Gefühl vermittelt, fair und respektvoll behandelt worden zu sein. Die soziale Validität läßt sich aus der Sicht des Bewerbers und aus der Sicht des Unternehmens betrachten.

1.3 a) Soziale Validität aus der Sicht des Unternehmens:

Schuler, Frier und Kaufmann (1991) befragten Personalfachleute, wie sie die Validität, Praktikabilität und Akzeptanz verschiedener Auswahlverfahren (Interviews, Psychologische Tests, Arbeitsproben, Assessment – Center etc.) einschätzen. In bezug auf Praktikabilität und Akzeptanz erhielt dabei das Interview die besten Beurteilungen, in der Kombination aller drei Faktoren ebenfalls. Ein persönliches Gespräch ermöglicht ein persönliches Kennenlernen und das Feststellen von Sympathie und Antipathie, die zwar nicht in direkter Relation zur »Eignung« des Bewerbers im engeren Sinne, jedoch in starker Relation zu dessen »Passung« (z. B. Hofmann 1994) steht.

1.3 b) Soziale Validität aus der Sicht des Bewerbers:

Bisher wurde die Validität des Interviews nur aus der Sichtweise des Unternehmens betrachtet. Man kann die Einschätzung der Qualität des Interviews jedoch als ein Auswahlkriterium aus der Sicht des Bewerbers auffassen. Daß Bewerber dieses Kriterium tatsächlich als relevant betrachten, konnte z. B. in einer Untersuchung von Schuler & Moser (1993) nachgewiesen werden. Demnach kommt einer möglichst kompetenten Gesprächsführung durch den Interviewer eine zentrale Bedeutung für die Einschätzung der Gesamtorganisation durch den Bewerber zu. Der Bewerber lernt die Organisation personifiziert durch den Interviewer kennen und generalisiert die Einschätzung des Interviewers auf die Einschätzung der Gesamtorganisation.

Aus der Sicht des Bewerbers spricht zusätzlich für das Vorstellungsgespräch, daß er sich entsprechend »verkaufen« kann. Darin drückt sich die Hoffnung aus, Einfluß auf die Situation zu haben und nicht der Spielball undurchsichtiger Methoden und Instrumente zu sein. Der Bewerber hat im Vorstellungsgespräch eine höhere subjektiv erlebte Kontrolle als bei anderen Verfahren (Fruhner und Schuler 1987). Das Vorgehen beim Vorstellungsgespräch ist zumindest aus der subjektiven Bewerbersicht transparenter und steuerbarer als dies bei anderen Verfahren der Fall ist. Bei einem weniger qualifizierten Interviewer kann es dem Bewerber durchaus gelingen, diese potentielle bewerberseitige Steuerbarkeit des Interviews in der konkreten Gesprächsführung umzusetzen und sich dadurch Vorteile zu verschaffen.

Die oben beschriebenen Aspekte müssen berücksichtigt werden, wenn man eine Bewertung der Brauchbarkeit des Interviews in der Praxis vornimmt. In den nachfolgenden Kapiteln werden Methoden aufgezeigt, mit deren Hilfe es möglich ist, die Limitierungen, denen das Interview unterliegt, zu begrenzen.

Die kommunikationspsychologische Situation des Vorstellungsgespräches

In diesem Kapitel wird zuerst kurz das allgemeine Kommunikationsmodell von Schulz von Thun (1981) dargestellt und dann auf die Besonderheiten und Erweiterungen dieses Modells im Kontext der speziellen kommunikativen Situation des Bewerbungsgespräches eingegangen.

2.1 Das Grundmodell

Schulz von Thun hat betont, daß die Kommunikation keineswegs, wie dies oft angenommen wird, lediglich die Übermittlung von Sachinformationen darstellt. Vielmehr werden bei grundsätzlich jeder Art der Kommunikation über die Informationen zu der Sache, über die man (manchmal nur vordergründig) spricht, zusätzlich noch (implizite) Aussagen darüber gemacht, wie man sich die Beziehung der Gesprächspartner vorstellt, man offenbart etwas von sich selber und man appelliert an den Gesprächspartner. Wie stark dabei die jeweiligen Komponenten der Kommunikation gewichtet sind, ist von Situation zu Situation sehr unterschiedlich. Bei einem Streitgespräch wird wahrscheinlich eher der Beziehungsaspekt im Vordergrund stehen, bei einem Verkaufsgespräch eher der Appellaspekt, bei einem Vortrag eher der Sachaspekt, bei einer Wahlveranstaltung eher der Selbstdarstellungsaspekt. Grundsätzlich gilt jedoch, daß bei jeder Kommunikation alle vier Aspekte einer Nachricht zumindest implizit enthalten sind.

Die vier Aspekte einer Nachricht:

Sachaspekt:	Darüber informiere ich den Gesprächspartner
Beziehungsaspekt:	So stelle ich mir unsere Beziehung vor
Selbstmitteilungsaspekt:	Das teile ich dem Gesprächspartner von mir mit
Appellaspekt:	Das will ich vom Gesprächspartner

Wenn z. B. der Vortragende während einer Besprechung die Besprechungsteilnehmer fragt: »Konnten Sie meinen Ausführungen bis hierher folgen?«, so ist dies auf der Sachebene zunächst als eine neutrale Frage zu verstehen, auf der Beziehungsebene kann diese Aussage dagegen bedeuten: »Ich bin euch sowieso überlegen« oder »Ihr seid in der Rolle der Unwissenden, die man belehren muß«. Auf der Appellebene kann die Aussage bedeuten: »Stellen Sie bloß keine dummen Zwischenfragen, Sie outen sich damit nur als unwissend!« oder: »Jetzt zeigen Sie mir mal, ob Sie mir fachlich Paroli bieten können!«. Auf der Selbstoffenbarungsebene kann dies z. B. bedeuten: »Ich bin der King auf diesem Gebiet« oder »Ich will lästige Frager zum Schweigen bringen«. Die Bedeutung einer Aussage auf der Beziehungs-, Appell- und Selbstoffenbarungsebene ist in aller Regel nicht eindeutig, meist sind mehrere Interpretationen möglich. Das kommunikative Problem ist also ein doppeltes: Zunächst muß der Hörer entscheiden, welchem Aspekt einer Aussage er welche Bedeutung zumißt. Wenn er sich dann entschieden hat, welche der vier Ebenen ihm die bedeutsamste zu sein scheint, muß er noch aus der Fülle der Möglichkeiten, die auf dieser Ebene möglich sind, die ihm passend erscheinende heraussuchen.

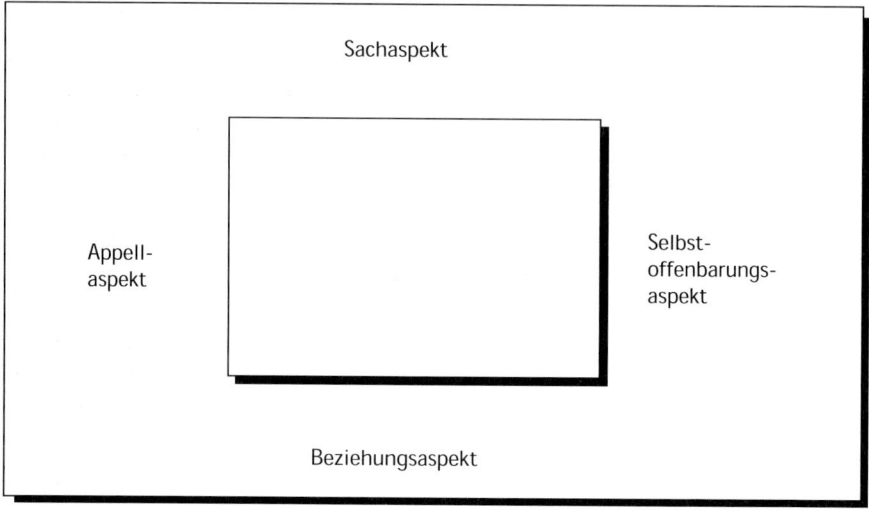

Abb. 1: Aspekte einer Nachricht

2.2 Die besondere Situation des Vorstellungsgespräches

Der Selbstoffenbarungsaspekt der Kommunikation ist derjenige, der generell die psychologisch höchste Brisanz hat (»Wer etwas von sich gibt, gibt etwas von *sich*«). Im Vorstellungsgespräch wird diese generelle Brisanz noch erhöht, da das Vorstellungsgespräch ja hauptsächlich um der Selbstoffenbarung willen geführt wird und daher natürlich auch eine sehr starke Nähe zu Prüfungssituationen hat. Die allgemeine »Angst vor Richtern und Rivalen«, wie sie Schulz von Thun nennt, ist hier noch stärker ausgeprägt als bei »normalen« kommunikativen Situationen. Dies hat zur Folge, daß im Vorstellungsgespräch mit relativ hoher Wahrscheinlichkeit die allgemeinen Techniken, mit denen dieser »Angst vor Richtern und Rivalen« begegnet wird, noch wesentlich deutlicher zu Tage treten werden. Diese Haupttechniken (Fassadentechniken) sind:

Mögliche Fassadentechniken:

- Wenig sagen (wer wenig sagt, gibt wenig von sich preis)
- In sehr allgemeinen Aussagen antworten (damit vermeidet man eine eindeutige eigene Positionierung)
- In schwer verständlicher Sprache sprechen (um damit dem anderen als Experte zu imponieren)

Der Schwerpunkt der Kapitel fünf, sechs und sieben wird der Umgang mit diesen Fassadentechniken im Interview sein.

Das Grundmodell nach Schulz von Thun muß also auf der Seite des Selbstoffenbarungsaspektes der Kommunikation weiter differenziert werden. Der Bewerber wird bei dem, was er über sich selber mitteilt, sich sehr wahrscheinlich nicht in einer naiven, d. h., unreflektierten und ehrlichen Art und Weise selber offenbaren, so wie er dies z. B. gegenüber einem Arzt tun würde, der ihn zu einer gesundheitlichen Problematik befragt. In der Kommunikation mit dem Arzt wird der Selbstoffenbarungsaspekt unproblematisch sein, da der Patient ja erst durch die Selbstoffenbarung die Grundlage für die Therapie schaffen kann.

Es wäre seitens des Interviewers naiv, in einem Vorstellungsgespräch alle vordergründigen Selbstoffenbarungen des Bewerbers auch als valide Informationen zu dessen Person zu betrachten. Vielmehr wird der Bewerber natürlich versuchen, sich selbst in einer möglichst positiven Weise darzustellen, was ja durchaus legitim ist. Für den Interviewer stellt sich nun dabei das Problem, zu differenzieren, was an der Selbstoffenbarung tatsächliche Selbstenthüllung des Bewerbers und was systematische taktische Selbstdarstellung bzw. Fassadentechnik ist. Im Kapitel sieben werden Methoden vorgestellt, die es erlauben, den Grad der bewußten, taktischen Selbstdarstellung des Bewerbers abzuschätzen.

Anmerkung:

Die »verzerrte« Selbstdarstellung des Bewerbers muß natürlich nicht immer ein Produkt bewußter, taktischer Gesprächsführung sein, in positiver Richtung verzerrte Selbstbilder sind unter anderem auch ein ganz »normaler« Prozeß der Selbstwertmaximierung, wie er auch in anderen Gesprächkontexten auftritt.

Zu dem notwendigerweise zu hinterfragenden Selbstenthüllungsaspekt kommt im Vorstellungsgespräch auch noch zusätzlich der Selbstverhüllungsaspekt hinzu. Ein Bewerber wird gerade im Vorstellungsgespräch natürlich versuchen, die negativen Aspekte an seinem Lebenslauf, seiner Person, etc. systematisch zu unterschlagen. Dies ist aus der Sicht des Bewerbers natürlich auch nur legitim und strategisch richtig, macht es aber für den Interviewer noch schwieriger zu entscheiden, wann Selbstverhüllung vorliegt und dann natürlich notwendig, diese Selbstverhüllung zu durchbrechen.

Für das Vorstellungsgespräch muß also die Erweiterung des Schulz von Thun'schen Modells auf der Selbstmitteilungsseite lauten:

Differenzierung des Selbstoffenbarungsaspektes einer Nachricht:	
Selbstmitteilung:	Was ich dir von mir mitteile
Selbstdarstellung:	Wie ich will, daß du mich siehst
Selbstverhüllung:	Darüber sage ich nichts

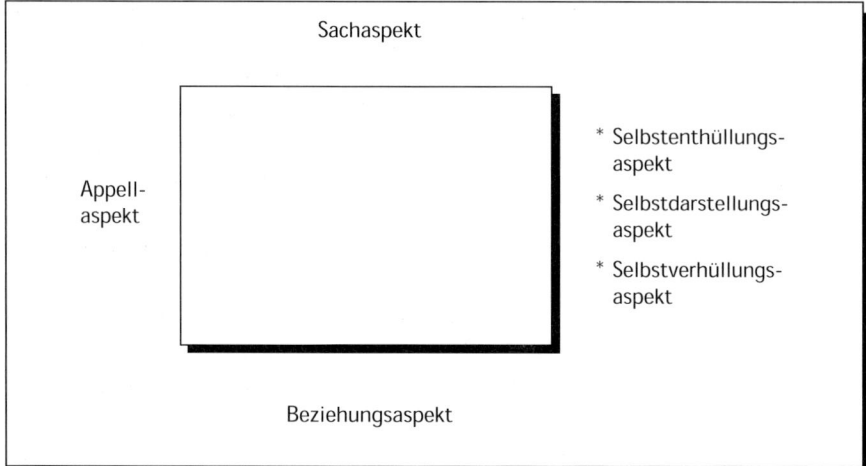

Abb. 2: Die erste Erweiterung des Grundmodells

Die zweite Erweiterung des Grundmodells nach Schulz von Thun betrifft den Beziehungsaspekt. Hierbei ist es besonders wichtig, welche impliziten Vorstellungen bezüglich der hierarchischen Stellung zwischen dem Bewerber und dem Interviewer vermittelt werden. In aller Regel besteht ja bereits durch die Situation determiniert ein faktisches hierarchisches Gefälle. Der Bewerber befindet sich in der Regel in der untergeordneten Position, der Betrieb hat die »Macht«, ihn einzustellen oder auch nicht.

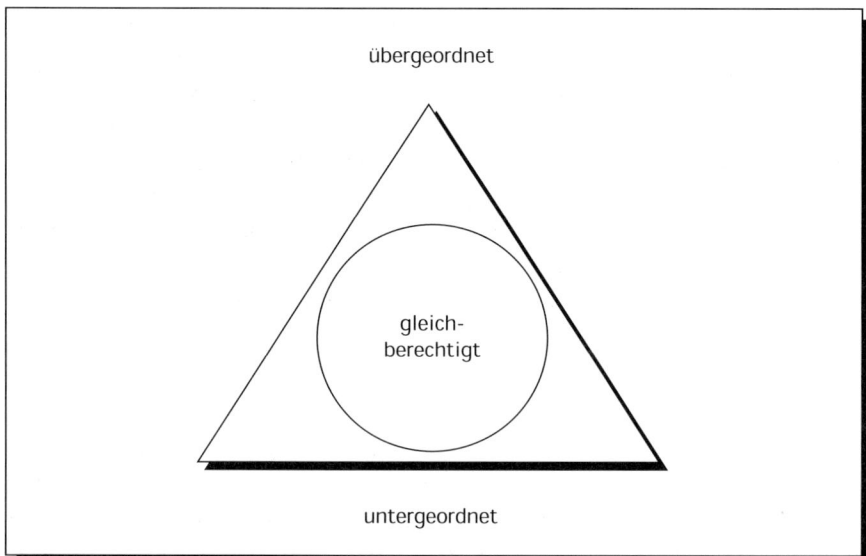

Abb. 3: Beziehungsdefinition in der Kommunikation

Durch die Art der Kommunikationsgestaltung kann dieses hierarchische Gefälle verstärkt, abgeschwächt oder gar ganz eliminiert werden. Für das Vorstellungsgespräch ist es nun von entscheidender Bedeutung, die Wahrnehmung des bestehenden hierarchischen Gefälles möglichst gering zu halten. Dies kann durch die Schaffung einer angenehmen Gesprächsatmosphäre geschehen. Eine positive Gesprächsatmosphäre ist ein Wert an sich, eine faire Gesprächsführung sollte eine Selbstverständlichkeit sein, die keiner weiteren Begründung bedarf. Zusätzlich dazu gibt es aber noch (mindestens) zwei weitere Gründe, die für die Notwendigkeit der Schaffung einer angenehmen Gesprächsatmosphäre sprechen. Der Interviewer ist in der Regel die erste und (besonders im Falle der Absage) häufig auch einzige Personifizierung des »Unternehmens« für den Bewerber. Aus Mangel an anderen Informationsquellen wird der Bewerber die Erfahrungen, die er mit dem Interviewer gemacht hat, auf das gesamte Unternehmen generalisieren. Der Interviewer betreibt hier, ob er es will oder nicht, nicht »nur« eine Bewerberauswahl, er betreibt immer auch Öffentlichkeitsarbeit. Das zweite, vielleicht noch gewichtigere Argument zur Schaffung einer positiven Gesprächsatmosphäre ist der Verlauf des Interviews selbst. Nur dann, wenn der Bewerber sich in einer »gleichberechtigten« Beziehung zum Interviewer fühlt, wird er sich so verhalten können, wie er dies auch in »realen« Situationen tut, wie es typisch für ihn ist. Je mehr er sich selber als in einer asymmetrischen Situation in der untergeordneten Position betrachtet, wird er in einer für ihn eher nicht typischen Art und Weise reagieren.

In den folgenden Kapiteln wird daher immer auch auf die Wirkung der einzelnen Techniken auf die Wahrnehmung der hierarchischen Beziehung durch den Bewerber eingegangen. Dem Beziehungsaspekt kommt noch eine zusätzliche Bedeutung zu: Der Interviewer gibt dem Bewerber durch sein Gesprächsverhalten zu erkennen, wie leicht er sich durch den Bewerber in die untergeordnete Gesprächsposition bringen läßt, wie leicht der Interviewer durch den Bewerber zu manipulieren ist. Dies kann der Interviewer besonders dadurch signalisieren, daß er die Nichtbeantwortung oder die nur teilweise Beantwortung seiner Fragen hinnimmt oder aber wie genau er auf die tatsächliche und vollständige Beantwortung seiner Fragen besteht. Der Bewerber kann aufgrund des Verhaltens des Interviewers auf nicht vollständig beantwortete Fragen dessen Kompetenz bzw. Manipulierbarkeit abschätzen. Der Interviewer sollte darauf achten, daß er durch sein Gesprächsverhalten sich nicht in die untergeordnete Beziehung bringen läßt, sondern eine gleichberechtigte Beziehung definiert.

Der Appellaspekt ist im Vorstellungsgespräch latent natürlich immer wirksam, der generelle Appell jeglicher Kommunikation im Vorstellungsgespräch lautet: »Stellen Sie mich ein«. Im Vergleich zu den oben beschriebenen Aspekten der Kommunikation, die in der besonderen Situation des Vorstellungsgespräches eine sehr starke Bedeutung erhalten, erhält der Sachaspekt des Gespräches (nämlich die Qualifikation des Bewerbers) eine fast schon untergeordnete Bedeutung. Die bisherige

Betrachtung der Kommunikation erfolgte eher aus der Sicht des Bewerbers. Natürlich treten die Effekte der Selbstdarstellung und der Selbstverhüllung auch seitens des Unternehmens auf. Das Unternehmen wird in der Regel auch sehr stark auf die positiven Aspekte der zu besetzenden Stelle hinweisen und die eher kritischen und unbefriedigenden Punkte dabei vernachlässigen.

Zu den verschiedenen Aspekten einer Nachricht befindet sich im Anhang 1 die Übung: »Aspekte einer Nachricht«.

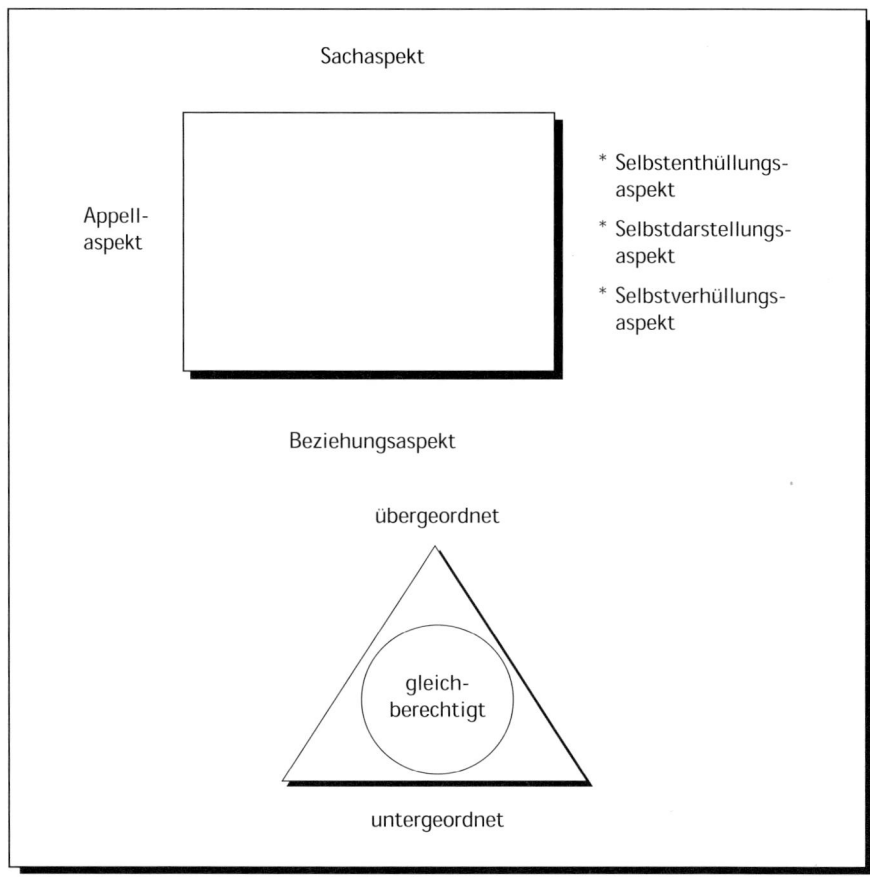

Abb. 4: Das komplette erweiterte Modell der Kommunikation im Vorstellungsgespräch

3 Geäußerte Verhaltensabsicht und tatsächliches Verhalten

Geschrieben steht:
»Im Anfang war das Wort«
Hier stock' ich schon
wer hilft mir weiter fort?
Ich kann das Wort
so hoch unmöglich schätzen

Goethe, Faust 1

3.1 Einstellung und Verhalten

Das Ziel des Vorstellungsgespräches ist es, möglichst verläßlich vorherzusagen, wie sich der Bewerber später einmal verhalten wird. Der naheliegendste Weg, ihn einfach danach zu fragen, ist leider in dieser einfachen Form nicht zielführend. Der Zusammenhang einer geäußerten Verhaltensabsicht mit dem späteren realen Verhalten ist nämlich nicht unbedingt sehr hoch. Dies ist einerseits durch sozialpsychologische Experimente umfangreich belegt (Ajzen und Fishbein 1977), andererseits auch aus der Alltagserfahrung heraus unmittelbar evident. Zum Beispiel kennt wahrscheinlich jeder die sehr geringe bis überhaupt nicht existente Wirksamkeit von Neujahrsvorsätzen, die ja nichts anderes als (meist in sozialem Rahmen) geäußerte Verhaltensabsichten sind. Das Verhältnis von geäußerten Verhaltensabsichten und tatsächlichem Verhalten ist anscheinend kein Eins zu Eins-Verhältnis, sondern komplexerer Natur. Der direkte Schluß von der vom Bewerber geäußerten Verhaltensabsicht auf dessen tatsächliches Verhalten in zurückliegenden oder zu erwartenden realen Situationen ist somit ein Kurzschluß.

Diesen Sachverhalt muß man berücksichtigen, wenn man im Vorstellungsgespräch eine vernünftige Vorhersage des späteren tatsächlichen Verhaltens erreichen will. Genaugenommen kann man im Vorstellungsgespräch nur die geäußerte Verhaltensabsicht feststellen, es sei denn man beobachtet das konkrete Verhalten in bestimmten Situationen, in diesem Fall verläßt man aber den Rahmen des reinen Vorstellungsgespräches und begibt sich in den Bereich der Assessment-Center Verfahren. Schon das Zustandekommen der geäußerten Verhaltensabsicht ist keine direkte Funktion der »tatsächlichen« Verhaltensabsicht. Die »tatsächliche« Verhaltensabsicht wird gefiltert durch die »soziale Erwünschtheit«. Der Interviewer weiß daher nicht, wie hoch der Anteil der »tatsächlichen« Verhaltensabsicht und der der »sozialen Erwünschtheit« an der geäußerten Verhaltensabsicht ist. Aus der Sozialpsychologie ist bekannt, daß fast immer soziale Normen bei der Äußerung von Verhaltensabsichten beteiligt sind. Im Vorstellungsgespräch ist diese »natürliche« Tendenz noch weitaus stärker als bei anderen, unverfänglicheren Themen. Dies hängt natürlich damit zusammen, daß der Bewerber gerne in dem jeweiligen Unternehmen im wahrsten Sinne des Wortes »sozial erwünscht« wäre, sonst wäre er ja nicht zu dem Gespräch erschienen. Die meisten Bewerber gehen natürlich auch nicht unvorbereitet in Vorstellungsgespräche, sondern sind durch die Lektüre der inflationär anwachsenden Zahl von Bewerberratgebern vermeintlich gut »vorbereitet«. Das bewirkt, daß der Bewerber beim Beantworten der Fragen nur zu einem Teil »spontan« antwortet, zu einem gewissen Teil seine Antworten dagegen an den mehr oder weniger sinnhaften Ratschlägen in den Bewerberratgebern oder den jeweiligen subjektiven Hypothesen über das optimale Antwortverhalten ausrichtet, die für ihn meist die bestmögliche Quelle der vermuteten sozialen Erwünschtheit im Vorstellungsgespräch darstellen. Diese geäußerte Verhaltensabsicht, die ja ihrerseits nur zum Teil die tatsächliche Verhaltensabsicht widerspiegelt, wird auf dem Weg zum tatsächlichen Verhalten noch weiter verändert. Eine Verhaltensabsicht ist nur eine von mehreren Determinanten des realen Verhaltens. Eine zweite Determinante ist das frühere Verhalten. Das tatsächliche Verhalten in konkreten Situationen wird zu einem guten Teil auch dadurch mitbestimmt, wie man sich »immer schon« in ähnlichen Situationen verhalten hat. Wäre dies nicht der Fall, so wären Verhaltensänderungen unendlich leichter, als sie es in der Realität sind. Ein Raucher bräuchte ja dann zum Beispiel »nur« seine Absicht, mit dem Rauchen aufzuhören, in die Tat umzusetzen. Mit anderen Verhaltensweisen als dem Rauchen verhält es sich ähnlich. Zusätzlich wird die Verhaltensabsicht noch durch Besonderheiten der jeweiligen Situation mitbestimmt. Eine Verhaltensabsicht kann in der einen Situation in konkretes Verhalten umgesetzt werden, unter anderen situativen Gegebenheiten dagegen nicht. Die situativen Gegebenheiten wirken als zusätzliche »Störgröße« auf dem Weg von der tatsächlichen Verhaltensabsicht zum tatsächlichen Verhalten.

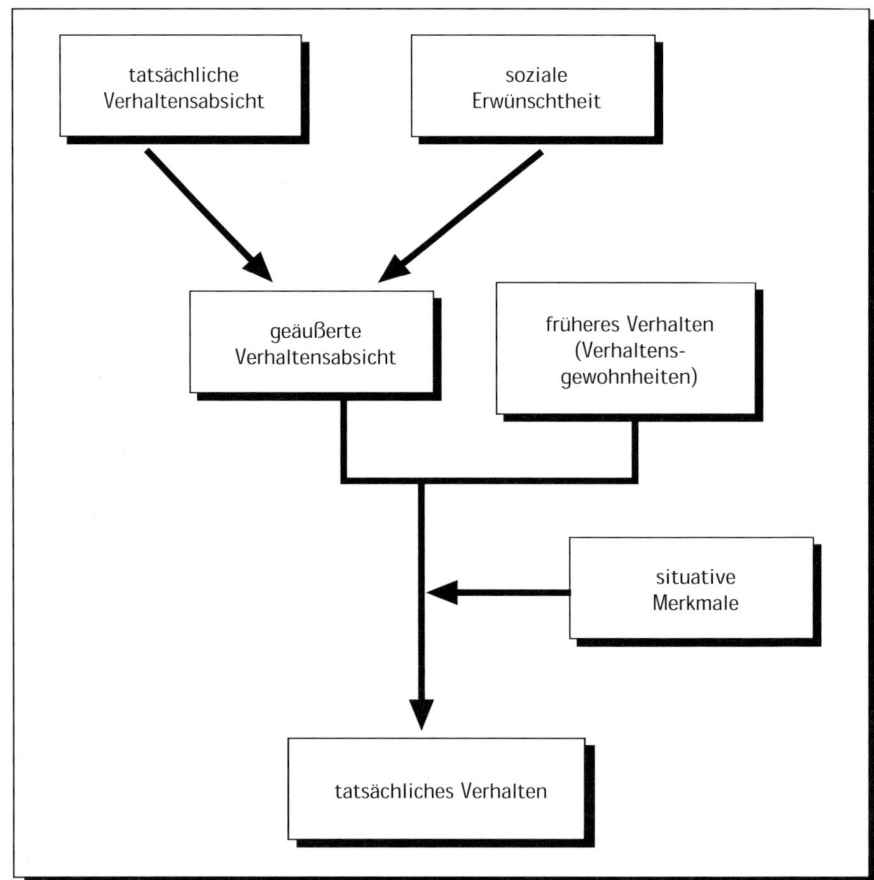

Abb. 5: Verhaltensabsicht und tatsächliches Verhalten

Diese Sichtweise der speziellen kommunikativen Situation beim Vorstellungsgespräch hat unmittelbare Konsequenzen für die Gestaltung des Vorstellungsgespräches.

- Wenn möglich sollte auch im Vorstellungsgespräch tatsächliches Verhalten beobachtet werden. Wenn dies möglich ist, umgeht man die Interpretation der ganzen Zwischenprozesse, da ja letztendlich das reale Verhalten des Bewerbers interessiert. Dies ist auch im Vorstellungsgespräch zumindest in manchen Bereichen durchaus möglich (vergl. Kapitel 10).
- Um den Anteil der tatsächlichen Verhaltensabsicht an der geäußerten Verhaltensabsicht annähernd bestimmen zu können, ist es notwendig, das Maß der sozialen Erwünschtheit in den Antworten des Bewerbers abzuschätzen (vergl. Kapitel 7).
- Früheres Verhalten bestimmt zu einem Teil das zukünftige Verhalten. Daher ist es sinnvoll, immer wieder früheres Verhalten abzufragen, um so auf zukünftiges Verhalten schließen zu können.
- Da die jeweilige Situation einen starken Einfluß darauf hat, ob sich eine Verhaltensabsicht auch in tatsächlichem Verhalten manifestieren kann, ist es immer notwendig, konkret zu fragen und die jeweiligen Bedingungen zu erforschen, unter denen sich ein gewisses Verhalten aktualisiert hat (vergl. Kapitel 5 und 6).
- Es wäre ein »Kurzschluß«, von der reinen geäußerten Verhaltensabsicht auf die tatsächliche Verhaltensabsicht oder auf reales Verhalten zu schließen.

3.2 Die Verlässlichkeit von Selbstauskünften

Es gibt genügend Beispiele, die demonstrieren, daß verbale Daten nicht besonders verlässlich sind. Sehr deutlich wird dies immer dann, wenn man die Richtigkeit verbal erhobener Informationen mit »harten Fakten« vergleichen kann. In repräsentativen und anonymen Umfragen in USA, Finnland und Kanada stellte Furst (1983) z. B. fest, daß die in der Befragung angegebenen von den Befragten konsumierten Alkoholmengen nur zwischen 40 und 50% der tatsächlich in der jeweiligen Region verkauften Alkoholmenge erklären würde. Dies kann natürlich nicht sein, da sich ja die gekaufte und die verkaufte Alkoholmenge decken muß. In einer Untersuchung von Harper & Argent (1975) sollten Führungskräfte nach einem Kodierungssystem notieren, welche Tätigkeit sie im Laufe eines Arbeitstages ausführen. Vergleicht man nun die Aufzeichnungen über Aktivitäten, an denen verschiedene Personen ZUSAMMEN teilgenommen haben, so deckt sich die Beschreibung der gemeinsamen Aktivitäten nur zu ca. 40%. Wüsste man nicht, daß sich die Beschreibungen auf ein und dieselbe Situation beziehen, so könnte man meinen, sie beschreiben völlig unterschiedliche Tätigkeiten. Ein regelmäßiges Ergebnis bei Untersuchungen zur Selbsteinschätzung (z. B. wenn man fragt, wie gut Personen ihre

Fähigkeit, Auto zu fahren einschätzen oder wenn man Ärzte nach ihrer eigenen Kompetenzeinschätzung im Vergleich zu ihren Kollegen fragt) ist es, daß sich der Durchschnitt der Befragten in der Regel bei ca. 70% in Richtung der positiven Bewertung einschätzt. Dies kann natürlich nicht sein, da der Durchschnitt per Definition bei 50% liegen müsste.

Die Divergenz von Selbstauskünften und nachprüfbaren Sachverhalten hat (mindestens) zwei Gründe: Einerseits besteht die Tendenz zu einer positiven Selbstdarstellung (vergl. Kapitel 2), die eine bewußte und absichtliche Verzerrung der Information darstellt. Andererseits sind dabei auch offensichtlich unabsichtliche Effekte der Selbstwahrnehmungsverzerrung am Werk. Egal, welcher dieser Effekte in der jeweiligen Situation dominiert, wird die Diskrepanz der Selbstauskünfte und der nachprüfbaren Sachverhalte um so größer sein, je stärker sich der Auskunftgebende vom Fragenden abhängig fühlt. Selbst bei Befragungen, die ohne Konsequenzen für die Befragten bleiben, treten Verzerrungen auf, dies ist in weitaus größerem Umfang der Fall, wenn aus den Antworten Konsequenzen für den Befragten entstehen, wie dies natürlich im Einstellungsinterview gegeben ist.

Der Befragte wird immer dann seine Antworten absichtlich verfälschen, wenn er die Wahrscheinlichkeit, daß der Interviewer diese Verzerrung erkennen kann, als relativ gering einschätzt. Aus diesen Überlegungen heraus ergeben sich unmittelbare Konsequenzen für die Gestaltung des Vorstellungsgespräches:

1. Misstrauen Sie prinzipiell verbalen Daten.
2. Durch eine entsprechende Fragetechnik kann die Verlässlichkeit der erhaltenen Verbalinformation erhöht werden.
3. Demonstrieren Sie dem Interviewten auf der Beziehungsebene, daß Sie ein kompetenter Gesprächspartner sind und daher nur eine geringe Wahrscheinlichkeit besteht, daß Sie die falschen Selbstauskünfte nicht als solche entlarven können.
4. Erheben Sie immer zusätzliche Informationen über reales Verhalten, das über verbale Äusserungen hinausgeht.

Wie dies im Rahmen des Einstellungsinterviews realisiert werden kann, ist Gegenstand der folgenden Kapitel.

Den Bewerber zum Sprechen bringen

In diesem Kapitel werden Methoden vorgestellt, mit deren Hilfe man den Bewerber gezielt zum Sprechen bringen kann. Ein häufiger Fehler im Vorstellungsgespräch besteht darin, daß die Redezeit des Interviewers im Vergleich zu der des Bewerbers relativ hoch ist. Ziel des Gespräches ist es ja, Informationen über den Bewerber zu erhalten. Dies geht nur, wenn man dem Bewerber tatsächlich die Chance gibt, viel von sich zu zeigen. Aus meiner Sicht sollte der Bewerber einen Redeanteil von ca. 80% haben, der Interviewer dagegen nur ca. 20%. Das heißt, daß der Interviewer mit relativ wenigen eigenen verbalen Beiträgen den Bewerber dazu bringen sollte, möglichst viel verbales Material zu produzieren. Wie in Kapitel 2 dargestellt, kann es auch eine generelle Fassadentechnik des Bewerbers sein, möglichst wenig zu sagen, was natürlich die Gesprächsführung erheblich erschweren kann.

Ein weiteres potentielles Problem kann aus der Sicht des Gesprächs-»führers« die Aufrechterhaltung des Gespräches darstellen. Dies ist zwar im Prinzip eine generelle kommunikative Fähigkeit, im Vorstellungsgespräch ist sie jedoch besonders gefordert, da der Bewerber in aller Regel, bedingt durch die Natur des Vorstellungsgespräches, eher die passive Rolle hat, was die »Führung«, d. h., die Strukturierung und den Ablauf des Gespräches betrifft. Der Interviewer hat – zumindest aus der Sicht des Bewerbers – ja in der Regel einen Gesprächsplan und weiß (anscheinend) genau, was er von dem Bewerber erfragen will. Daher wird der Bewerber sehr wahrscheinlich dem Interviewer weitgehend die »Führung« und Lenkung des Gespräches überlassen. Dies ist dem Bewerber ja auch nicht anzukreiden, da es sich bei dem Bewerbungsgespräch strukturell um eine eher asymmetrische (Macht-)Situation handelt. Dies ist dann wiederum für den Interviewer eine besondere kommunikative Situation, da er – anders als bei einem »normalen« Gespräch – weniger damit rechnen kann, daß der Gesprächspartner seinen Teil zu der Gesprächssteuerung beiträgt. Der Bewerber wird zwar auf der inhaltlichen Ebene bemüht sein, möglichst viel Information an den Mann (in diesem Fall den Interviewer) zu bringen, die Entscheidung, welche Fragen zu welchen Themenbereichen jedoch gestellt werden, und wie das Gespräch strukturiert wird, liegt dabei im Gegensatz zu »normalen« Gesprächen fast vollständig beim Interviewer. Der Interviewer ist daher doppelt belastet. Er muß einerseits seine Aufmerksamkeit auf das inhaltlich vom Bewerber Gesagte lenken, andererseits muß er parallel dazu einen Teil seiner Aufmerksamkeit dazu verwenden, den Fortgang des Gespräches zu steuern.

Aus den oben genannten Gründen kann es für den Interviewer schwierig sein, den Gesprächsfluß in Gang zu halten und den Bewerber dazu zu bringen, einen möglichst großen Teil des Gespräches über aktiv zu sein. In diesem Kapitel geht es darum, wie man sich die Aufgabe, das Gespräch zu steuern und den Gesprächsfluß aufrechtzuerhalten, möglichst leicht machen kann, ohne den Zwang, permanent neue Fragen generieren zu müssen und stattdessen einen großen Teil der eigenen Aufmerksamkeit für die Antworten des Bewerbers zur Verfügung zu haben. Um dies zu ermöglichen, eignen sich besonders zwei kommunikative Techniken, das Stellen offener Fragen und die systematische Nutzung von Zusammenfassungen.

4.1 Offene (weite) und geschlossene (enge) Fragen

Die Art der Fragestellung beeinflußt in ganz besonderer Form den möglichen Verlauf eines Gespräches. Je nachdem, wie eine Frage gestellt ist, regt sie mehr zu einer ausführlichen oder mehr zu einer weniger ausführlichen Beantwortung an. Sogenannte »geschlossene« oder »enge« Fragen fordern dazu auf, kurz und knapp beantwortet zu werden, sie können mit »Ja«, »Nein«, einer Zahl oder irgendeinem anderen Fakt sehr knapp beantwortet werden. Der Fragende muß sich daher bei der häufigen Verwendung geschlossener Fragen sofort wieder neue Fragen ausdenken, die der Befragte dann eventuell wiederum sehr knapp beantwortet usw. Eine »offene« (»weite«) Frage dagegen kann meist nicht nur kurz und knapp beantwortet werden, sie läßt dem Befragten eher die Möglichkeit, vieles und unterschiedliches auf die Frage zu antworten. Die offene Frage schneidet dabei den Themenbereich, um den es gehen soll, gewissermaßen nur an. Der Befragte kann dann im ersten Schritt selber wählen, wie intensiv und in welche Richtung er antworten will. Zur Beantwortung einer geschlossenen Frage muß der Befragte nur in geringem Umfang seine Aufmerksamkeit aktivieren, die entsprechende Antwort ist meist nach nur sehr kurzem Nachdenken gefunden. Bei der offenen Frage dagegen muß der Befragte in größerem Umfang nachdenken.

Beispiel 1:
Auf die geschlossene Frage: »Wieviel Stunden arbeiten Sie derzeit pro Tag?« kann die Antwort z. B. sein: »Sieben Stunden«. Der Befragte hat dann korrekt und umfassend geantwortet, der Fragende muß sich nun eine neue Frage ausdenken, was für ihn bei der häufigen Verwendung solcher Fragen natürlich sehr anstrengend sein kann.

In eine offene Frage umformuliert, die auf den gleichen Inhalt abzielt, kann die Frage z. B. lauten: »Wie sehen Ihre derzeitigen Arbeitsbedingungen aus?« Der Befragte kann nun wählen, in welcher Weise er die Frage beantwortet. Er kann z. B. die Arbeitsorganisation ansprechen, das Verhältnis zu den Kollegen, die Orte, an denen er arbeitet, die Kunden, die Bezahlung etc. oder natürlich auch die Arbeitszeiten. Spricht er die Arbeitszeiten dabei nicht von sich aus an, kann der Fragende natürlich zu diesem Thema weitere Fragen stellen. Er kann dies z. B. wiederum mit einer relativ offenen Frage tun, z. B.: »Wie sind die zeitlichen Rahmenbedingungen bei Ihrer derzeitigen Arbeit?« Der Befragte hat nun wieder mehrere Möglichkeiten, auf die Frage zu antworten, er kann z. B. über den Arbeitsbeginn sprechen, über das Arbeitsende, über die Pausenregelung, über die Länge des Urlaubs, über Überstunden, über saisonale Schwankungen etc. oder natürlich darüber, wieviele Stunden er täglich arbeitet. Spricht er dies wiederum nicht von sich aus an, hat der Fragende erneut die geschlossene Frage dazu als neue Frage im Hinterkopf.

Beispiel 2:

Auf die geschlossene Frage: »Arbeiten Sie gerne im Team?« kann der Befragte sehr schnell mit »Ja« oder »Nein« antworten (er wird natürlich auf diese Frage fast immer mit »Ja« antworten, vergl. Kap. 7). Eine Frage, die letztendlich auf den gleichen Inhalt abzielt, aber dem Befragten über die reine Stellungnahme zur Teamarbeit hinaus potentiell wesentlich mehr mögliche Themenbereiche für die Antwort läßt, könnte z. B. sein: »Welche Arbeitsbedingungen sind für Sie wichtig?« Der Befragte kann darauf z. B. über die Arbeitszeiten, die technische Ausstattung des Arbeitsplatzes, die Beziehung zum Vorgesetzen etc. oder natürlich auch über die Arbeit im Team reden. Tut er dies nicht von sich aus, so kann der Fragende dieses Thema mit einer weiteren (idealerweise möglichst offenen) Frage ansprechen, dies könnte z. B. die Frage sein: »Was erwarten Sie in von Ihren Kollegen?« Der Befragte kann nun über deren Qualifikation, deren Alter etc. sprechen, oder natürlich auch über die Zusammenarbeit mit den Kollegen. Tut er das wiederum nicht von sich aus, so kann der Fragende später immer noch geschlossene Fragen zu diesem Thema stellen.

Die Erfahrung zeigt, daß Bewerber oftmals tatsächlich auf viele Fragen nur mit »Ja« oder »Nein« antworten. Dies ist umso häufiger der Fall, je unsicherer und nervöser ein Bewerber ist. Ebenso wird dieser Antwortstil eher bevorzugt, je geringer die Ausbildung des Bewerbers ist. Aber auch bei ansonsten eher gesprächigen Bewerbern führen geschlossene Fragen des Interviewers sehr schnell zu einem sehr knappen Antwortverhalten. Beeinflußt der Interviewer durch seinen Fragestil (geschlossene Fragen) den Antwortstil des Bewerbers so, daß der Bewerber fast zwangsweise kurz und knapp antwortet, so sagt dieses Antwortverhalten des Bewerbers wenig über ihn aus. Natürlich ist es interessant zu wissen, wie sich der Bewerber in kommunikativen Situationen verhält, ob er z. B. wenig gesprächig, kurz angebunden etc. ist. Dies kann man jedoch nur dann erfahren, wenn man den Bewerber nicht von vorneherein durch die verwendete Frageart in diesen Antwortstil drängt. Ist dies der Fall, so sind die Informationen, die man aus dem Antwortstil des Bewerbers ziehen kann, gleich Null. Daher sollte man dem Bewerber durch die Verwendung offener Fragen die Freiheit lassen, in der für ihn typischen Art und Weise zu antworten. Reagiert er dann auf offenen Fragen kurz angebunden und mit knappen Antworten, kann man relativ sicher sein, daß dieses Antwortverhalten tatsächlich für die Person des Bewerbers typisch ist.

Antwortet der Bewerber auf eine geschlossene Frage mit einer kurzen und knappen Antwort, so kommt es häufig vor, daß der Fragende seine geschlossene Frage noch dadurch zu retten versucht, indem er eine »Warum – Frage« nachschiebt, und so versucht, den Bewerber doch noch zum Sprechen zu bringen. Die »Warum – Frage« hat aber den Nachteil, daß sie (zumindest bei häufiger Verwendung) relativ schnell einen Verhörstil erzeugt, was sich dann schnell negativ auf die Beziehungsebene auswirken kann. Der Bewerber kann sich durch »Warum – Fragen« leicht zur Rechtfertigung gedrängt fühlen. Daher sollte die »Warum – Frage« (insbesondere zur »Rettung« einer geschlossenen Frage) möglichst vermieden werden.

4.1.1 Die Logik der offenen Frage

Im nachfolgenden Abschnitt wird ein Schema vorgestellt, mit dem man relativ leicht offene Fragen generieren kann.

Zu der angestrebten Frage wird ein Themengebiet gesucht, das die angestrebte Frage mitbeinhaltet, aber auch noch zusätzlich andere Themen zuläßt. Eine Art »Oberthema« zu der jeweiligen angestrebten Frage wird gesucht und dazu eine Frage formuliert.

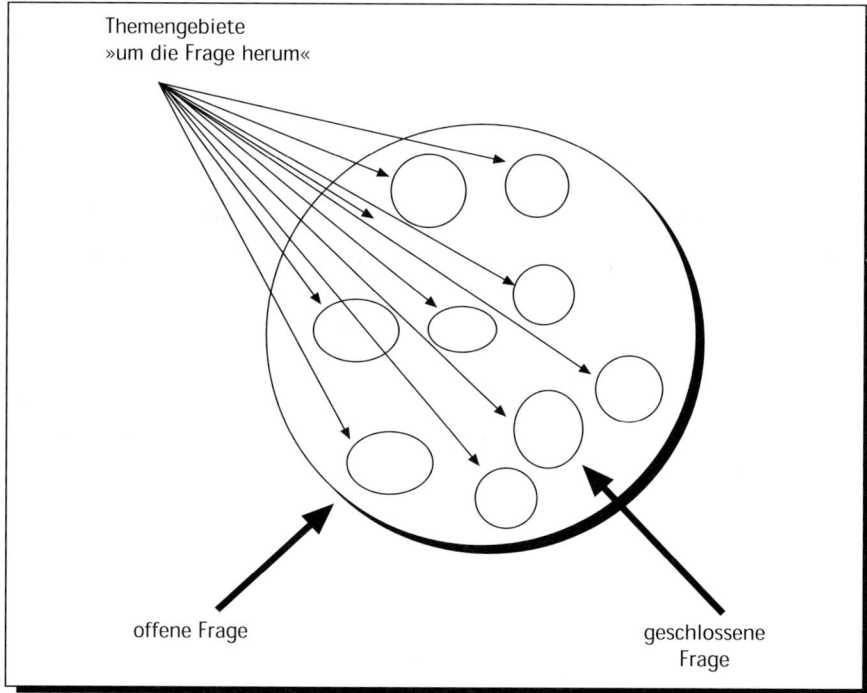

Abb. 6: Offene Fragen

Vorgehen beim Generieren offener Fragen:

1. Überlegen Sie sich, was Sie inhaltlich erfahren wollen, formulieren Sie dazu spontan eine Frage.
2. Prüfen sie, ob die entsprechende Frage nicht offener gestellt werden könnte. Formulieren Sie die Frage gegebenenfalls offener um.

3. Behalten Sie die geschlossene Frage als Nachfrage im Hinterkopf.

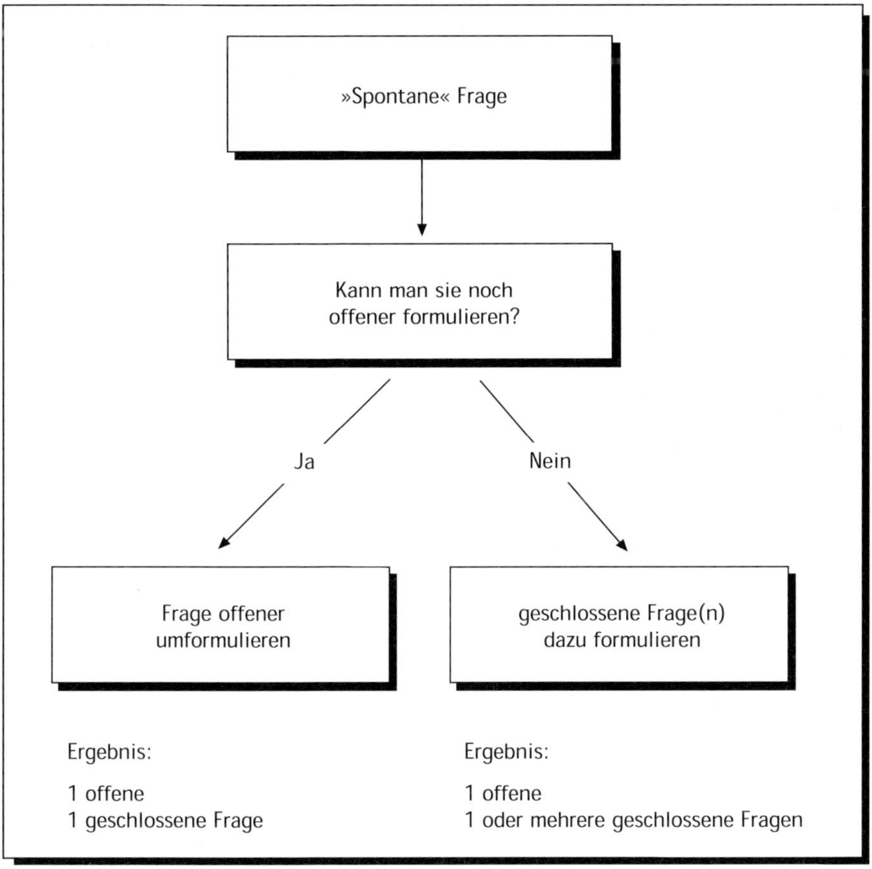

```
                    »Spontane« Frage
                          │
                          ▼
                    Kann man sie noch
                    offener formulieren?
                      /            \
                   Ja              Nein
                   /                  \
          Frage offener         geschlossene Frage(n)
          umformulieren           dazu formulieren

        Ergebnis:               Ergebnis:
        1 offene                1 offene
        1 geschlossene Frage    1 oder mehrere geschlossene Fragen
```

Abb. 7: Konstruktion offener (weiter) Fragen

Zusätzlicher Effekt der offenen Frage:

Auf eine offene Frage wird in der Regel vom Befragten mehr verbales Material geliefert als auf eine geschlossene Frage. Daher ist die Wahrscheinlichkeit höher, daß der Befragte Inhalte äußert, die mit darauf aufbauenden offenen (oder auch geschlossenen) Fragen weiter hinterfragt werden können.

Spricht der Befragte z. B. auf die (offene) Frage »welche Arbeitsbedingungen sind für Sie wichtig?« nicht, wie vom Fragenden beabsichtigt, über Teamarbeit, sondern z. B. über die technische Ausstattung des Arbeitsplatzes, hat der Befragte ein neues Themengebiet eröffnet, das mit neuen (zunächst vielleicht wieder offenen, später dann eher geschlossenen) Fragen weiter diskutiert werden kann. Die ursprünglich beabsichtigte Frage nach der Teamarbeit kann zusätzlich natürlich immer noch gestellt werden.

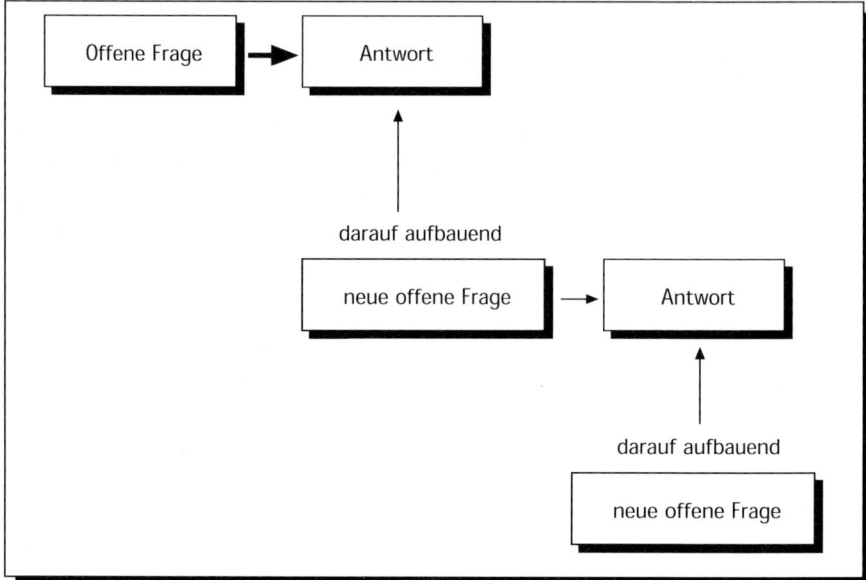

Abb. 8: Verkettung offener Fragen

Mit Hilfe offener Fragen kann so – ausgehend von einer spezifischen Frage – die Zahl der Fragen wesentlich erhöht werden, ohne daß sich der Fragende permanent neue Fragen ausdenken muß, der Befragte hilft dem Fragenden gewissermaßen bei der Generierung neuer Fragen, indem er von sich aus zusätzliche Themenbereiche anspricht.

Reihenfolge von offenen und geschlossenen Fragen:
Für die Abfolge offener und geschlossener Fragen ist es günstig, bei der Besprechung eines Gebietes zuerst möglichst viele offene Fragen zu verwenden, erst dann, wenn der Bewerber von sich aus nicht alle relevanten Punkte anspricht, kann man zu geschlossenen Fragen übergehen.

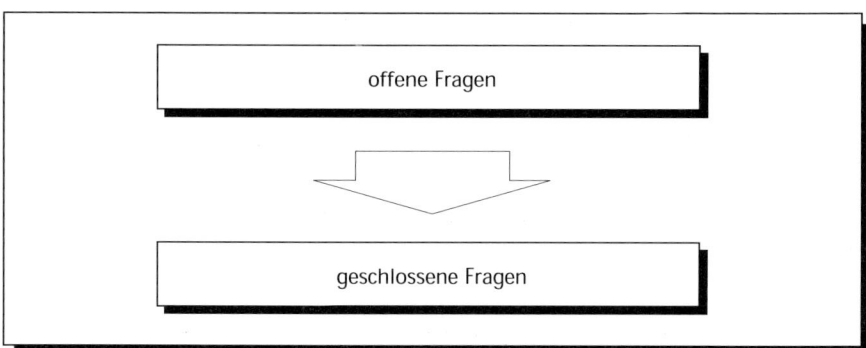

Abb. 9: Abfolge offener und geschlossener Fragen im Gespräch

Effekt auf die Beziehungsebene:

Wird man als Befragter mit sehr vielen geschlossenen Fragen konfrontiert, so erhält das entsprechende Gespräch schnell den Charakter eines Verhöres, insbesondere dann, wenn auf die geschlossenen Fragen »Warum«-Fragen folgen. Bei einem derart gestalteten Gespräch regt sich beim Bewerber mit hoher Wahrscheinlichkeit nach kurzer Zeit ein »innerer Widerstand« zur Beantwortung der Fragen. Offene Frage haben somit neben dem Erleichtern des Gesprächsflusses für den Fragenden auch noch einen positiven Effekt auf die Gesprächsatmosphäre.

Beispiele:
Nachfolgend sind einige Beispiele aufgeführt, die letztendlich auf den gleichen Inhalt abzielen, zuerst ist die spontane geschlossene (enge) Frage aufgeführt, danach eine offenere (weite) Frage, die die jeweilige geschlossenen Frage beinhaltet, aber darüber hinaus noch einige weitere Antworten des Bewerbers zuläßt.

Welches Fach haben Sie studiert? (geschlossen)
    Was sind Ihre Interessensgebiete? (offen)
Haben Sie sich bei uns wegen des Standortes beworben? (geschlossen)
    Wie war Ihre Bewerbungsstrategie? (offen)
Wollen Sie in einem Team arbeiten? (geschlossen)
    Was erwarten Sie von Ihrer Tätigkeit? (offen)
Können Sie am 1. anfangen? (geschlossen)
    Wie flexibel sind Sie? (offen)
Haben Sie den letzten Tag gut verbracht? (geschlossen)
    Wie gestaltet sich Ihr Tagesablauf? (offen)
Wollen Sie Abteilungsleiter werden? (geschlossen)
    Wie stellen Sie sich Ihre berufliche Zukunft vor? (offen)
Haben Sie Abitur? (geschlossen)
    Wie war Ihr Lebensweg? (offen)
Treiben Sie in der Freizeit Sport? (geschlossen)
    Wie sieht Ihre Freizeitgestaltung aus? (offen)
Können Sie eigenverantwortlich arbeiten? (geschlossen)
    Wie arbeiten Sie am liebsten? (offen)

4.1.2 Formale Aspekte

Man kann auch mit Hilfe einer formalen Prüfung relativ leicht feststellen, ob eine Frage eher offen oder eher geschlossen gestellt ist.

Offene Fragen:
Offene Fragen beginnen in der Regel mit einem »W«, sie werden daher gelegentlich auch »offene W – Fragen« genannt. Sie enthalten z. B. Frageworte wie:

- »Wie kam es ...?«
- »Was waren die Gründe für ...«
- »Wie sieht ... aus?«
- »Welche...?«

Geschlossene Fragen:
Beginnen häufig mit Worten wie z. B.:

- »Sind ...?«
- »Ist ...?«
- »Glauben Sie ...?«
- »Werden Sie ...?«
- »Würden Sie ...?
- »Haben Sie ...?«
- »Gibt es ...?«
- »Können Sie ...?

Neben der Auswirkung auf den Gesprächsfluß und die Beziehung zwischen den Gesprächspartnern hat das Stellen offener Fragen noch einen dritten Effekt. Dieses betrifft die Gesprächs-»führung«. Wenn der Bewerber geschickt ist, kann er die Pause nach der knappen Beantwortung einer geschlossenen Frage, in der der Interviewer die nächste Frage überlegt, dazu nutzen, das Gespräch in die von ihm gewünschte Richtung auszubauen und somit den Verlauf des Gespräches entscheidend zu beeinflussen. Bei der häufigen Verwendung geschlossener Fragen gerät man relativ leicht in die Gefahr, einen Teil der Steuerung des Gespräches an einen geschickten Bewerber zu verlieren. Der Bewerber kann die »kommunikativen Lücken« dazu nutzen, das Gespräch zu steuern

4.1.3 Vorteile offener Fragen

Nachfolgend sind noch einmal die Hauptvorteile der offenen (weiten) Frageart aufgeführt.

- Sie erhöhen die Wahrscheinlichkeit, daß der Befragte viel verbales Material liefert, an dem der Fragende dann weiter anknüpfen kann und befreit den Fragenden außerdem zu einem gewissen Grad vom häufigen Generierenmüssen neuer Fragen.
- Sie bieten dem Befragten die Freiheit, sich denjenigen Aspekt der Frage herauszugreifen, über den er reden möchte. Ist dies nicht der vom Fragenden angezielte Aspekt, kann dieser immer noch (z. B. auch mit geschlossenen Fragen) nachfragen.
- Werden viele geschlossene Fragen gestellt, so sagt man damit auch (implizit) etwas darüber aus, wie sich der Fragende die Beziehung zwischen Bewerber und Interviewer vorstellt (vergl. Kapitel 2). Bei geschlossenen Fragen entsteht schnell der Eindruck, daß der Fragende sich in die superiore und der Bewerber in die inferiore Position begibt. Offene Fragen sind dagegen eher dazu geeignet,

eine Gleichheit der Beziehung zwischen Fragendem und Bewerber zu signalisieren. Das Signalisieren von möglichst viel Gleichheit in der Beziehung ist beim Bewerbergespräch besonders wichtig, da ja die Bewerbungssituation von Natur aus eine eher unsymmetrische ist (zumindest beim derzeitigen und wohl auch künftig zu erwartenden Arbeitsmarkt).

- Sie fordern zu ihrer Beantwortung vom Befragten ein höheres Maß an geistiger Beteiligung als geschlossene Fragen.
- Der Stil der Beantwortung offener Fragen sagt etwas über das Kommunikationsverhalten des Befragten aus.

4.2 Zusammenfassen

Ein weiteres einfaches und dennoch sehr effizientes Mittel um den Gesprächsfluß aufrechtzuerhalten, ist das Zusammenfassen. Wenn man in einem Gespräch nicht mehr weiter weiß, fehlt die Orientierung nach vorne. Mit dem Zusammenfassen umgeht man die Problematik, nach vorne denken zu müssen, indem man gewissermaßen »rückwärts denkt« und das zurückliegende Gespräch noch einmal thematisiert. Ist der Weg nach vorne momentan blockiert, nimmt man einfach den Weg zurück, um das Gespräch fortzuführen.

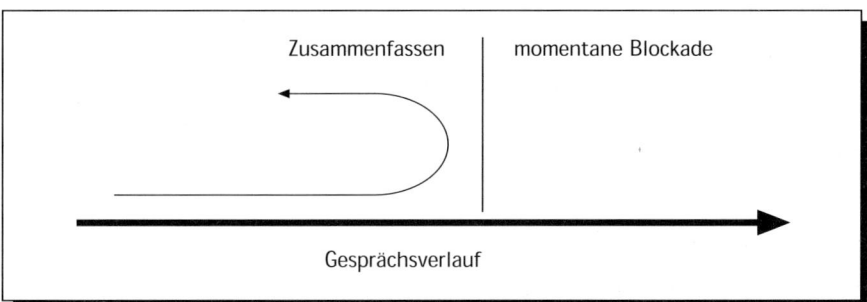

Abb. 10: Zusammenfassen als »Rückwärtsgehen« im Gespräch

Zusätzlich zum einfachen Zusammenfassen gibt es noch einige Varianten der Zusammenfassung.

4.2.1 Fragendes Zusammenfassen

Man kann die Zusammenfassung dazu verwenden, daß man das bis zu diesem Zeitpunkt Gesagte komplett zusammenfaßt, oder dazu, das zuletzt Gesagte zu wiederholen. Wiederholt man nur das zuletzt Gesagte, so kann man dies auch tun, indem man das Gesagte einfach als Frage wiederholt. Dies kann man tun, indem man das Gesagte einfach wörtlich wiederholt und dabei am Ende des Satzes die Stimme hebt.

So wird aus einer Feststellung eine Frage, auf die der Bewerber sehr wahrscheinlich mit einer Stellungnahme, einer näheren Erklärung, etc. reagiert.

Beispiel:
Der Bewerber sagt: »Ich war zehn Jahre auf dem Gymnasium.«
Der Interviewer wiederholt: »Sie waren zehn Jahre auf dem Gymnasium?«

Sprechen Sie die folgenden beiden Sätze laut nach:

»Sie waren zehn Jahre auf dem Gymnasium.«
»Sie waren zehn Jahre auf dem Gymnasium?«

Der erste und der zweite Satz bestehen aus exakt den gleichen Worten, der erste Satz ist jedoch eine Aussage, der zweite dagegen eine Frage. Der phonetische Unterschied besteht lediglich in der Stimmhöhe am Ende des Satzes, wird die Stimme dabei angehoben, wird aus der Aussage (lediglich durch eine paraverbale Veränderung) eine Frage. Testen Sie in Ihrer natürlichen Umgebung die Wirkung einer als Frage gesprochenen Aussage. Sie werden sehen, daß der Gesprächspartner in aller Regel darauf reagiert, indem er von sich aus zu der rein phonetisch erzeugten Frage Stellung nimmt.

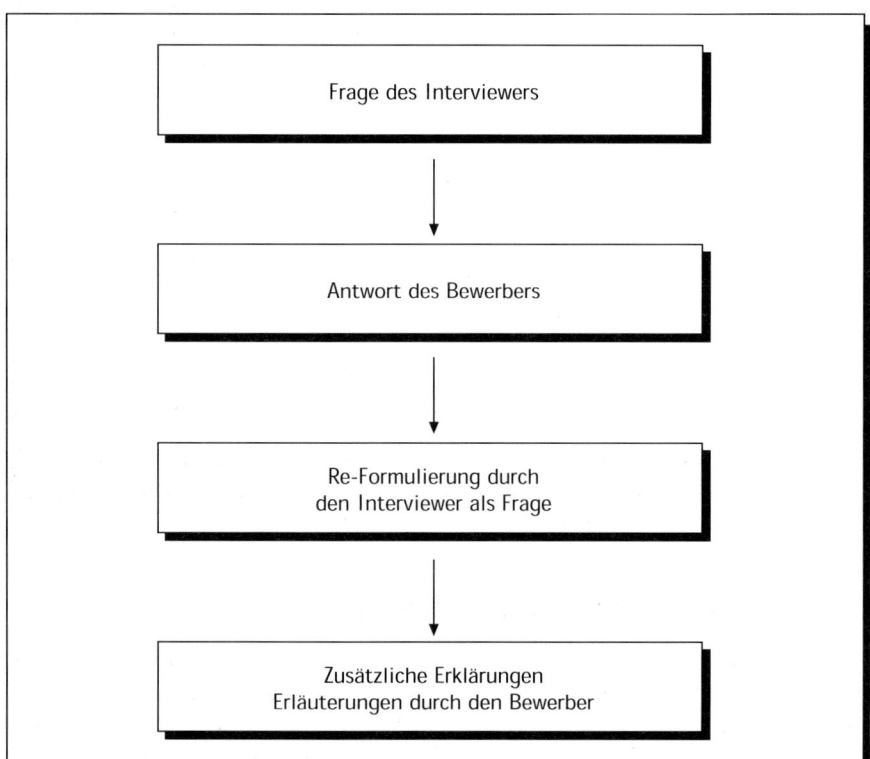

Abb. 11: Fragendes Zusammenfassen

4.2.2 Bewußt falsches Zusammenfassen

Eine weitere Variante des Zusammenfassens stellt das falsche Zusammenfassen dar. Obwohl man genau weiß, was der Bewerber zuvor gesagt hat, faßt man das Gesagte falsch zusammen. Dies führt fast automatisch zum Widerspruch und zur Korrektur durch den Bewerber, das Gespräch ist somit wiederum im Gange. Beim falschen Zusammenfassen kann man gar nichts falsch machen. Wenn man etwas tatsächlich falsch verstanden hat, wird diese falsche Erinnerung korrigiert, setzt man die falsche Zusammenfassung gezielt ein, so erhält man den gewünschten Widerspruch des Bewerbers.

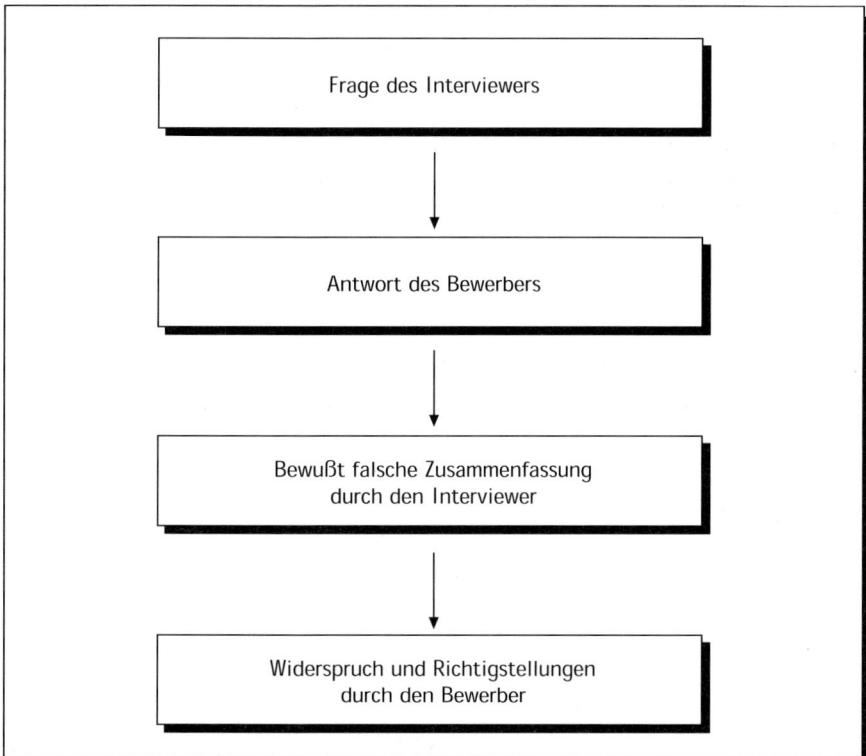

Abb. 12: Bewußt falsches Zusammenfassen

4.2.3 Zusammenfassung durch den Bewerber

Eine weitere, für den Interviewer noch bequemere Variante des Zusammenfassens ist es, den Bewerber das bisherige Gespräch zusammenfassen zu lassen. Man erhält dadurch zusätzlich die Information, ob der Bewerber das bisherige Gespräch aus einer Meta-Ebene heraus betrachten kann, oder sehr stark im eigentlichen Gespräch verhaftet ist. Diese Variante des Zusammenfassens kann man natürlich innerhalb eines Gespräches nur ein- maximal zweimal einsetzen.

Auswirkungen auf die Beziehungsebene:

Das Zusammenfassen hat neben der Funktion, den Gesprächsfluß sicherzustellen, auch noch Auswirkung auf die Gesprächsatmosphäre. Der Bewerber bemerkt das Bemühen des Interviewers, die Informationen aufzunehmen und zu speichern. Der Interviewer signalisiert so dem Bewerber sein Interesse im Sinne eines aktiven Zuhörens. In einer Analogie kann dieser Prozeß mit der Arbeitsweise eines Computers beschrieben werden: Mit dem Zusammenfassen zeigt der Interviewer dem Bewerber, daß er nicht nur ein »internes« Programm abspult, sondern daß er die durch den Bewerber gegebene Information »abspeichert«. Dem Bewerber wird implizit mitgeteilt, daß er schreibenden Zugriff auf den Speicher des Interviewers hat.

4.2.4 Zusammenfassen und Informationsverarbeitung

Natürlich hat das Zusammenfassen auch für den Interviewer eine wichtige Gedächtnisfunktion. Es dient dem schon erwähnten notwendigen Abgleich, ob er die Informationen des Bewerbers auch richtig verstanden hat und steigert den Grad der »Elaboration« der Information durch den Interviewer. Der Begriff der Elaboration (Craig und Lockard 1972) stammt aus der Gedächtnisforschung und beschreibt den Zusammenhang zwischen der »Verarbeitungstiefe« einer Information und der Behaltensleistung. Je größer die Verarbeitungstiefe ist, die einer Information zuteil wird, desto größer ist die zu erwartende Behaltensleistung. Wenn man z. B. einen vorgelesenen Text nur hört, ist der Gedächtniseffekt sehr gering, liest man den Text selber, ist er etwas höher, schreibt man ihn ab, ist der Effekt auf die Behaltensleistung noch etwas höher, faßt man den Text mit eigenen Worten zusammen, so ist der Behaltenseffekt noch etwas höher. Analog verhält es sich bei der Informationsverarbeitung im Interview. Das reine Hören der Informationen, die der Bewerber von sich gibt, hat einen nur geringen Effekt auf die Behaltensleistung, ein paar Stunden später wird man sich an das meiste dessen, was man nur gehört hat, nicht mehr erinnern können. Schreibt man (stichwortartig) mit (vergl. Kap. 11), so hat man zwei Effekte: erstens hat man die Informationen schriftlich fixiert und somit später greifbar, zweitens hat man die Informationen besser im eigenen Gedächtnis verankert und braucht die Hilfe der Unterlagen eigentlich fast nicht mehr. Faßt man die Informationen, die der Bewerber gibt, während des Gespräches verbal zusammen, so ist dies sicher die aktivste Form der Informationsverarbeitung, die ein Interviewer im Gespräch betreiben kann.

Typische Formulierungen für das Zusammenfassen:

- »Lassen Sie mich noch einmal zusammenfassen . . .«
- »Habe ich richtig verstanden, daß . . . ?«
- »Ich möchte an dieser Stelle kurz ein Fazit ziehen«
- »Wenn ich es richtig verstanden habe, meinen Sie . . .«
- »Stelle ich mir richtig vor, daß . . .?«
- »Ist es Ihnen recht, wenn ich schreibe . . .?«

Die beschriebenen Techniken der offenen Fragen und des Zusammenfassens können angewandt werden, um aus relativ geringem eigenen Fragematerial des Interviewers einen hohen verbalen Output durch den Bewerber zu erzeugen.

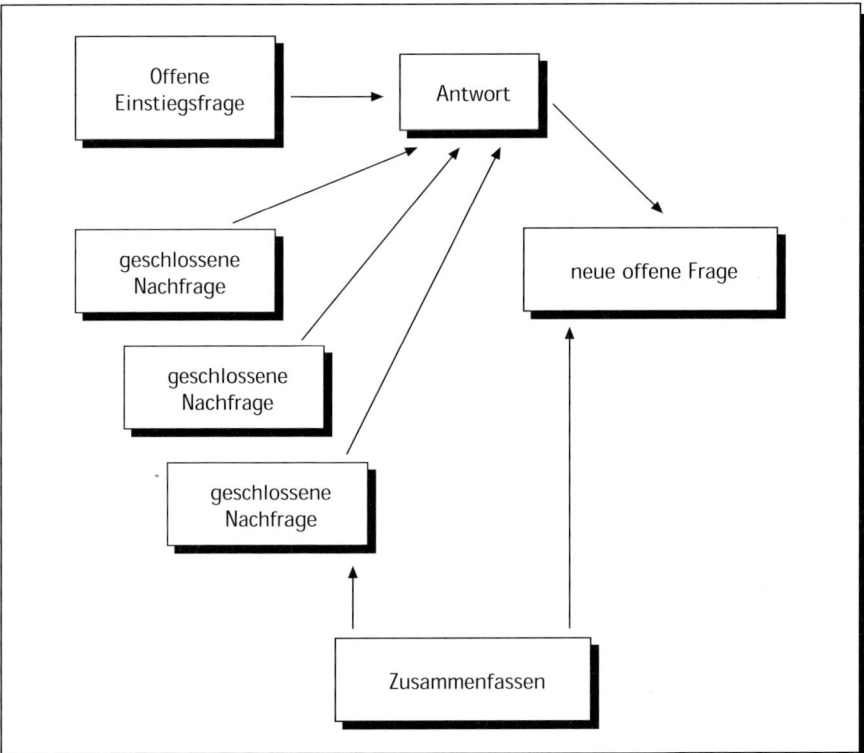

Abb. 13: Verkettung von offenen und geschlossenen Fragen und Zusammenfassungen

4.3 Beispiele einfordern

Durch die Art der Fragestellung kann die Menge der Informationen, die der Bewerber von sich gibt, wesentlich gesteuert werden. Eine weitere Möglichkeit, Informationen vom Bewerber zu erhalten, ist es, Beispiele zur Verdeutlichung des von ihm Gesagten zu fordern. Die Technik des Einforderns von Beispielen wird noch einmal im nächsten Kapitel behandelt, das sich mit dem Thema Nachfragen und Konkretisierungen befaßt, da sie auch für diese Zwecke von Bedeutung ist. Nicht selten reagieren Bewerber auf die Frage nach Beispielen damit, daß sie angeben, im Moment falle ihnen auf die Schnelle kein konkretes Beispiel ein. Man kann es dem Bewerber relativ schwer machen, sich auf diese Art um die Beantwortung der Frage zu drücken, indem man nicht fragt: »gibt es ein konkretes Beispiel?«, »gibt es eine konkrete Situation?« etc. Auf diese Fragen fällt es dem Bewerber relativ leicht, zu sagen »Nein, im Moment fällt mir dazu nichts ein«. Daher ist es immer besser, bereits in der Formulierung der Frage die Möglichkeit, daß es keine Beispiele gibt, gar nicht erst zuzulassen und dagegen zu unterstellen, daß es diese Beispiele auf jeden Fall gibt. Die Frage kann zum Beispiel lauten: »geben Sie ein Beispiel für ...« oder »beschreiben Sie eine konkrete Situation, in der Sie ...«.

Auswirkung auf die Beziehungsebene:
Häufig ist es relativ schwierig, dem Bewerber ein konkretes Beispiel abzuringen. Viele Interviewer geben sich dann aufgrund des sehr zähen Gesprächsverlaufes mit einem einzelnen mühsam erkämpften Beispiel zufrieden. Ist dies der Fall, so merkt der Bewerber dann auf der Beziehungsebene, daß der Interviewer solchermaßen zähe Gesprächspassagen meidet und er hat somit eine Möglichkeit, das Gesprächsverhalten des Interviewers zu steuern. Um dagegen noch weitere Beispiele zu erhalten, kann weitergefragt werden: »geben Sie ein weiteres Beispiel für ...« (nicht: »gibt es noch weitere Beispiele für ...?«). Um dieser unter Umständen schwierigen Gesprächssituation von vorneherein vorzubeugen, kann der Interviewer von Beginn an auch gleich mehrere Beispiele einfordern, z. B. mit der Formulierung: »geben Sie drei konkrete Beispiele für ... « Wichtig dabei ist dann allerdings, daß der Interviewer auf der Meta – Ebene die Beispiele mitzählt und die eventuell noch fehlenden Beispiele auch konsequent einfordert, z. B. mit der Formulierung: »das waren jetzt zwei Beispiele, wie lautet das dritte?« Tut er dies nicht konsequent, so demonstriert er dem Bewerber wiederum, daß seine Fragen nicht ernst gemeint sind und zeigt dem Bewerber dadurch, daß es akzeptiert wird, wenn dieser die Beantwortung der Fragen unterläuft. Das Einfordern einer gewissen Anzahl konkreter Beispiele stellt eine hervorragende Möglichkeit dar, dem Bewerber implizit mitzuteilen, daß der Interviewer die gestellten Fragen ernst meint, daß er die Beantwortung der Fragen einfordert, daß er auf der Meta – Ebene das Gespräch steuert und daß er sich nicht vom Bewerber manipulieren läßt. Daher ist es günstig, zwei bis drei solcher Fragen frühzeitig im Gespräch zu stellen und so die Beziehung zu definieren.

Im Anhang 1 sind die Übungen »Offene und geschlossene Fragen, »Offene Fragen formulieren« und »Paraphrasieren« aufgeführt, mit denen man gezielt üben kann, den Bewerber zum Sprechen zu bringen.

5 Konkret werden

Eine zentrale Schwierigkeit beim Vorstellungsgespräch besteht darin, das Gespräch auf eine möglichst konkrete Ebene zu bringen. Sehr häufig antwortet der Bewerber auf Fragen nur sehr allgemein. Solche allgemeinen Antworten enthalten natürlich nur sehr wenig nützliche und verwertbare Informationen. Daher ist es wichtig, den Befragten zu möglichst konkreten Antworten zu bewegen. Dieses Kapitel beschreibt die Konkretisierung von Informationen auf einer eher inhaltlichen Art und Weise, im nächsten Kapitel dagegen wird die Konkretisierung anhand eher formaler Techniken dargestellt.

Das sehr vage, unkonkrete Antworten kann verschiedene Gründe haben. Ein möglicher Grund dafür kann die absichtliche oder unabsichtliche Selbstverhüllung in der Kommunikation sein (vergl. Kap. 2). Vage zu antworten, ist ein Kompromiß zwischen der Notwendigkeit, im Vorstellungsgespräch auf eine Frage antworten zu müssen, und der Tendenz, mit der Antwort möglichst wenig Information transportieren zu wollen. Weiterhin scheint das konkrete Beschreiben für viele Menschen eine generelle Schwierigkeit zu sein. Im therapeutischen Bereich ist es häufig ähnlich schwer, z. B. auf die Frage nach konkreten körperlichen Beschwerden oder nach bestimmten Gedanken (z. B. in Streßsituationen) eindeutige Antworten zu bekommen. Die Fähigkeit zur Introspektion, die im Bewerbungsgespräch immer dann gefordert ist, wenn es um die Beschreibung von Bewertungen, Reaktionen oder zurückliegender Situationen geht, ist anscheinend, wie viele andere Fähigkeiten auch, normal verteilt und ein Teil der Personen hat demnach diese Fähigkeit nur in geringem Ausmaß. Ein weiterer Grund für das häufige eher diffuse Antworten liegt wohl in der Lektüre von Bewerberratgebern. Dort wird teilweise explizit empfohlen, sehr vage zu antworten. So empfiehlt z. B. DeLuca (1997): »Hüten Sie sich vor nachfassenden Fragen« »Die alte Regel: ›Gib nur so viel, daß sie noch mehr wollen‹ ist auch im Falle des Bewerbungsgespräches gültig. Wie in der Werbung und beim Marketing gilt, daß man nicht jedes Detail eines Produktes beschreiben muß, um den Kauf anzuregen – es reicht, wenn genug ›Verkaufspunkte‹ angesprochen werden, um die Bedürfnisse des Käufers zu befriedigen.« »Teilen Sie Informationen, wenn es Ihnen hilft. Halten Sie Informationen zurück, wenn Sie die Information als nachteilig ansehen«. Yate (1990) empfiehlt z. B. auf die Frage nach dem angestrebten Gehalt die Antwort: »Wenn ich für die Stelle der Richtige bin, wie ich glaube, machen Sie mir zweifellos ein faires Angebot«. Hesse und Schrader (1998) raten z. B. auf die Frage: »Fühlen Sie sich in Ihren beruflichen Leistungen von Ihren früheren Vorgesetzten angemessen beurteilt?« als Antwortstrategie: »Halten Sie sich bedeckt und lassen Sie sich nicht provozieren«. Der Informationsgehalt einer solchen Antwort ist für den Interviewer natürlich gleich Null.

Dieses diffuse Antworten wird zusätzlich noch dadurch begünstigt, daß viele Bewerber die vermeintlich erfolgreichen Antworten auf Standardfragen im Interview auswendig gelernt haben. Diese Strategie funktioniert natürlich nur, wenn die vorgefertigten und von den Ratgebern empfohlenen Antworten so allgemein sind, daß sie auf viele Situationen passen. Ganz egal woher die Tendenz des Bewerbers zur unkonkreten Beantwortung konkreter Fragen herrührt, ist es für den Interviewer notwendig, die Antworten des Bewerbers zu konkretisieren, um verwertbare Informationen zu erhalten. Ein Beispielfall aus der Praxis:

Ein Elektroniker hatte laut Unterlagen Erfahrungen mit einem speziellen Prozessor, die Arbeit mit diesem Prozessor war eine zentrale Aufgabe an der zu besetzenden Stelle. Alles schien auf den ersten Blick zu passen. Beim Nachfragen und Konkretisieren wandelte sich das Bild sehr schnell. Auf die Frage, wie er denn den Prozessor einschätze, sagte der Bewerber, der Prozessor sei sehr gut. Auf die Frage, worin denn die spezifischen Vorteile des Prozessors im Vergleich mit anderen Prozessoren liegen, wußte er keine Antwort. Daraufhin nachgefragt, wie er dann auf die Verwendung eben dieses Prozessors gekommen sei, gab er an, daß die amerikanische Konzernmutter die Verwendung dieses Prozessors vorgegeben hatte. Der Eigenanteil des Elektronikers an der Auswahl und dem Einsatz des Prozessors war gleich Null. Wäre dieses Thema nicht näher hinterfragt worden, wäre man fälschlicherweise davon ausgegangen, daß der Bewerber ein Experte für den Einsatz von Prozessoren sei.

Auf eine konkrete Frage (F) können zum Beispiel folgende eher allgemeine Antworten (A) kommen:

F: »In welchen Punkten wollen Sie an sich arbeiten?«
A: »Das Berufsleben eines Ingenieurs ist ein lebenslanger Lernprozeß, man lernt nie aus.«
A: »Ich möchte mich verbessern.«
A: »Man kann sich ständig verbessern.«
F: »Was hat Sie an unserer Firma besonders beeindruckt?«
A: »Alles ist beeindruckend.«
A: »Die Technik, die Maschinen, die Produkte.«

Ein weiteres Beispiel:

F: »Wie ist Ihr Arbeitsstil?«
A: »Ich möchte positiv auf das Gesamtergebnis einwirken, gesteckte Ziele sollten dabei erreicht werden.«
F: »Was heißt das genau in der Praxis?«
A: »Ich wähle ein Vorgehen anhand praktikabler Umsetzungsmöglichkeiten.«
F: »Wie sieht das genau aus?«
A: »Abläufe analysieren und optimieren, je nach Aufgabenstellung. Die Arbeitsergebnisse können dann als Basis für weitere Entscheidungen dienen.«

Die Bewerberantworten in den obigen Beispielen liefern keinerlei relevante Informationen über die Person des Bewerbers.

Weitere Beispiele für sehr unkonkrete, allgemeine (und daher nichtssagende) Aussagen von Bewerbern:

- Man muß das tun, was im Rahmen der eigenen Möglichkeiten zu realisieren ist.
- In einer Führungsposition kann man Dinge anders angehen.
- Zu jedem Problem gibt es eine bestmögliche Lösung, die man anstreben sollte.
- In irgendeiner Form ist es zu einem gewissen Zeitpunkt nach meiner Erfahrung notwendig, die Diskussion in eine gewisse Richtung zu lenken.
- Man hat in der Personalführung gewisse Leitlinien, an die man sich versucht zu halten.
- Ich sehe ohne weiteres in dem einen oder anderen Bereich bei mir Entwicklungsbedarf, wo man sich verbessern könnte.
- Ich präferiere einen teamorientierten Arbeitsstil, bei dem man nach der Bewertung von Alternativen zu einer Entscheidung kommt.
- Man sollte nach Möglichkeit immer versuchen, die Mitarbeiter zu motivieren.
- Im Berufsleben spielen viele Faktoren für den Erfolg eine Rolle.
- Ich verfüge über Eigenschaften, die aus meiner Sicht für eine Führungskraft notwendig sind.
- Das Zwischenmenschliche ist im Betrieb immer vorhanden.
- Wenn Mitarbeiter motiviert sind, muß man die Motivation erhalten; wenn sie unmotiviert sind, muß man die Motivation erzeugen.
- Es gibt einen Punkt, bei dem das Faß voll ist, bei jedem Menschen ist dieser Punkt anders.
- Wenn man dort stehenbleibt, wo man sich befindet, kommt man nicht weiter.
- Man muß manchmal konsequent sein, manchmal aber auch tolerant.
- Man sieht sich im Berufsleben den verschiedensten Situationen gegenüber.

Da man in Vorstellungsgesprächen sehr häufig mit solchen eher diffusen Antworten konfrontiert wird, ist es sehr nützlich, sich im Vorfeld einige Formulierungen bereitzuhalten, um die Antworten des Bewerbers auf ein möglichst konkretes Niveau zu bringen. In der praktischen Interviewführung ist es zumindest am Anfang sehr günstig, sich im Vorfeld einen Pool von Einstiegs- und darauf folgenden Nachfragen zu erstellen, da die spontane Generierung der Nachfragen im realen Interview wahrscheinlich eher schwierig sein würde.

Typische Formulierungen, um ein Thema zu konkretisieren:

- Wie muß ich mir das konkret vorstellen?
- Wie sieht das ganz konkret aus?
- Was ist Ihr persönlicher Beitrag zu ...?
- Wie waren die Rahmenbedingungen dabei?
- Das müssen Sie noch etwas genauer erklären.
- Geben Sie eine konkretes Beispiel für ...

- Wann/Wie ist ... genau passiert?
- Wer hat genau was getan?

5.1 Effekte des Konkretisierens

Die verschiedenen Effekte, die das Konkretisieren im Rahmen des Vorstellungsgespräches hat, sind:

Bessere Verwertbarkeit der erhaltenen Information

Erstens dient das Konkretisieren zur besseren Beurteilung und Einordnung des Gesagten. Mit allgemeinen Antworten kann der Fragende wenig anfangen, der Infor-
mationsgewinn ist bei allgemeinen Antworten sehr gering. Die Konkretisierung
steigert den Informationsgehalt der erhaltenen Antworten.

Personenbezogene Informationen

Zweitens kann der Befragte mit relativ allgemeinen Antworten sehr leicht über Dinge
reden, die ihn selber nur wenig betreffen, er kann z. B. über Firmenpolitik, Hand-
lungsweisen anderer Kollegen, theoretische Ansichten etc. reden. Im Vorstellungsgespräch kommt es jedoch darauf an, den Bewerber selber möglichst genau kennenzulernen. Je konkreter die Antwort, desto mehr sagt sie über den Befragten aus, je
unkonkreter sie ist, desto weniger Informationen liefert sie über den Bewerber.

Auswirkungen auf die Beziehungsebene

Drittens wird mit dem Konkretisieren allgemeiner Antworten dem Befragten signalisiert, auf welcher Abstraktionsebene der Fragende bereit ist, das Interview zu führen. Je abstrakter das Interview geführt wird, desto weniger muß der Bewerber von
sich preisgeben. Der Grad des Konkretisierens durch den Interviewer zeigt dem Bewerber, wie leicht (oder wie schwer) sich dieser in dem Gespräch »verstecken« kann.

Diagnostische Funktion

Viertens sagt der Antwortstil des Bewerbers natürlich auch etwas über das Kommunikationsverhalten des Bewerbers aus. Wenn er auf mehrere Fragen hin nicht zu
einer Konkretisierung fähig ist, weiß der Interviewer zumindest, daß sich der Bewerber nicht oder nur sehr schwer präzise ausdrücken kann.

Auswirkungen auf den Gesprächsfluß

Je mehr Nachfragen zu der jeweiligen Einstiegsfrage gestellt werden, desto flüssiger
verläuft das Gespräch, da der Interviewer ja nur die jeweilige Einstiegsfrage generieren muß (vergl. Kapitel 4), die Technik des Nachfragens dagegen ist prinzipiell

immer die gleiche. Eine gute Technik des Nachfragens erleichtert dem Interviewer daher (quasi als Dreingabe zum Erhalt besserer Informationen) die Aufrechterhaltung des Gespräches.

Meßinstrument für die »Kontrolliertheit« bzw. »Natürlichkeit« der Antworten

In Handbüchern für Bewerber sind viele der üblicherweise (und sinnvollerweise) gestellten Fragen abgedruckt und die jeweiligen »passenden« Antworten dazu werden gleich mitgeliefert. Diese vorformulierten Antworten sind dabei fast immer auf einem sehr allgemeinem Niveau gehalten (anders sind ja solche »guten« Antworten gar nicht zu veröffentlichen). Man hat immer wieder den Eindruck, daß sich die Bewerber bei der Beantwortung der Fragen tatsächlich an solchen vorformulierten, »guten« Antworten orientieren. Dieser Eindruck entsteht immer dann, wenn die Qualität der Antworten auf die Einstiegsfrage sich deutlich von der auf die Nachfragen unterscheidet. Diese Unterschiedlichkeit der Art der Beantwortung von Einstiegs- und Nachfragen liefert somit einen guten Gradmesser dafür, inwieweit der Bewerber vorbereitet und somit vielleicht auch tendenziell verzerrt antwortet.

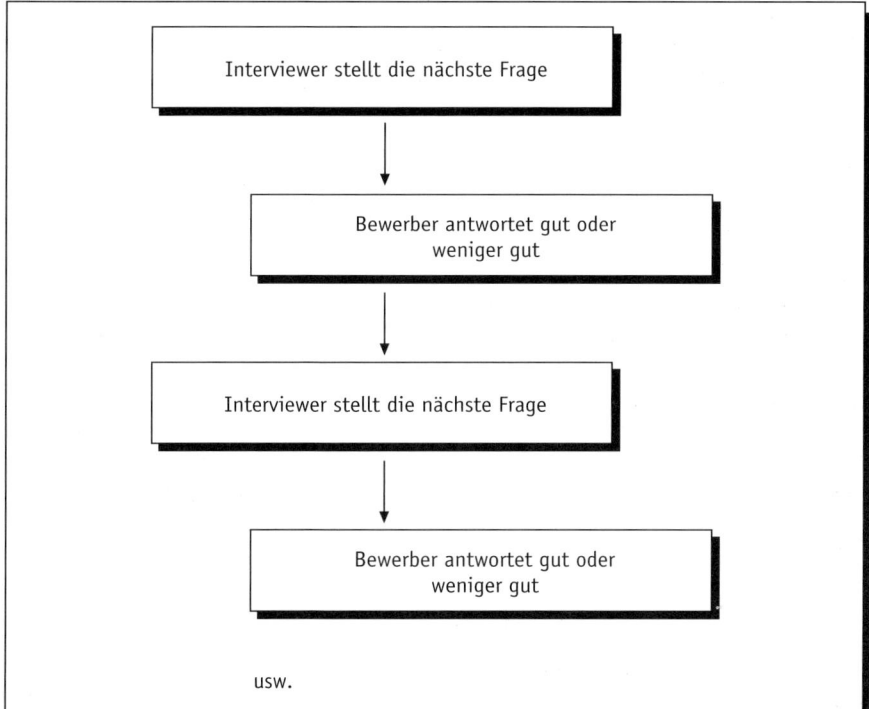

Abb. 14: Intuitives und durch »Ratgeber« verbreitetes Bild des Vorstellungsgespräches

Den Bewerbern wird in der entsprechenden Literatur offensichtlich die Vorstellung vermittelt, daß der Interviewer eine Frage stellt, der Bewerber antwortet darauf, der Interviewer prüft die Antwort auf die Qualität (ob es eine gute oder eine schlechte Antwort war) und das Ganze beginnt von neuem.

Diese Sichtweise eines Interviews kommt wohl daher, daß die meisten Autoren von Bewerberhandbüchern noch niemals in Ihrem Leben selber ein Einstellungsgespräch auf der Seite des Arbeitgebers geführt haben und sich ein Bewerbungsgespräch eben in dieser Art vorstellen. Zudem gibt es natürlich tatsächlich solche Gespräche, wenn sie von weniger qualifizierten Interviewern geführt werden. Darüber hinaus ist dieses Modell natürlich dasjenige, das den Bewerbern aus mündlichen Prüfungssituationen, die ja in der Regel tatsächlich nach diesem Schema ablaufen, am ehesten vertraut ist. Somit kommen diese Ratschläge dem intuitiven Modell des Bewerbers sehr nahe und sind für ihn plausibel. Hierin liegt eine weitere Stärke des Konkretisierens durch Nachfragen: Der Bewerber wird durch die Art des Interviews überrascht. Ist dies der Fall, so wird er darauf sehr wahrscheinlich spontan, ohne kontrolliertes Vorgehen, »natürlich« reagieren.

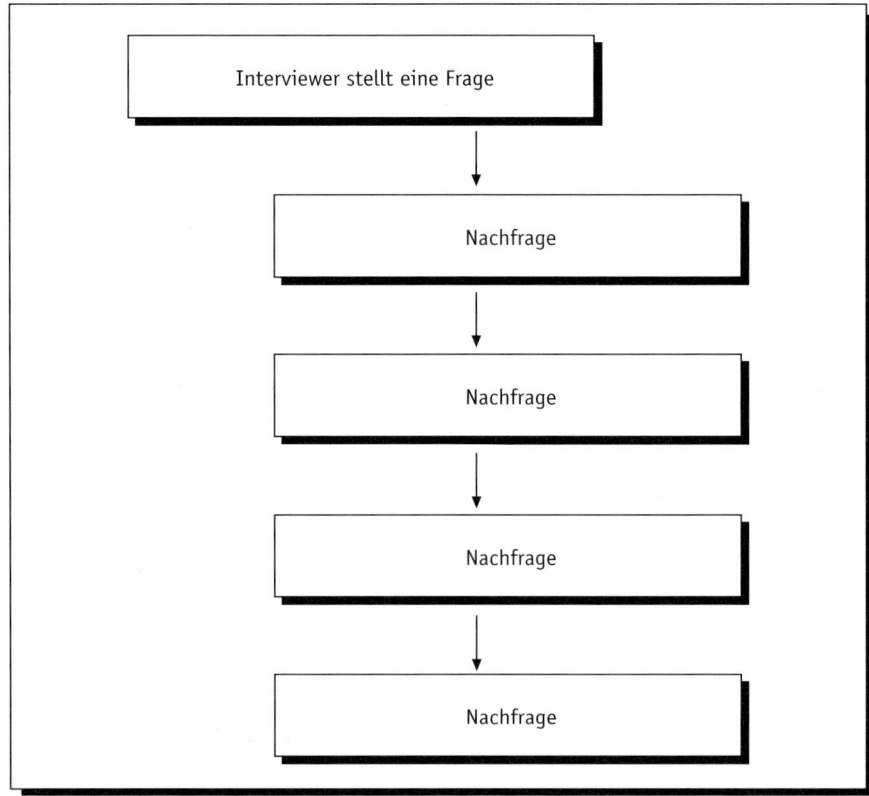

Abb. 15: Tatsächliches Vorgehen bei einem »guten« Bewerbungsgespräch

Die Frage, wie konkret nun eine Antwort des Bewerbers sein sollte, damit sie einen möglichst hohen Informationsgehalt für den Interviewer hat, läßt sich mit folgendem Kriterium beantworten:

Kriterien für das Erreichen von Konkretisierung:

Eine Antwort ist immer dann konkret, wenn Sie genau wissen, wie sich der Befragte in einer speziellen Situation verhalten hat, welches sein persönlicher Beitrag oder welche seine subjektive Bewertung zu dieser Situation ist oder war.

Formal ist dies häufig an der Verwendung des Wortes »Ich« durch den Bewerber zu erkennen.

Ist dieses Kriterium nicht erreicht, so lohnt es sich auf jeden Fall, konkreter nachzufragen.

Praktisch kann man folgendermaßen vorgehen:

- man stellt die Einstiegsfrage
- der Bewerber antwortet
- man läßt die Antwort noch einmal geistig Revue passieren (man kann sie auch hörbar paraphrasieren, vergl. Kap. 4) und überlegt dabei, ob sie Elemente enthält, von denen man noch keine deutliche Vorstellung hat. Das Kriterium dabei kann sein, ob man in der Lage wäre, das in der Antwort geschilderte Verhalten oder Erleben des Bewerbers einer anderen Person exakt mitzuteilen
- man formuliert dazu Nachfragen

Beispiele für Konkretisieren:
Nachfolgend sind Beispiele für Konkretisierungen aufgeführt, auf die Frage (F) antwortet der Bewerber mit der Antwort (A), der Interviewer konkretisiert die diffuse Antwort (K).

Beispiel 1:
F: »Woran arbeiten Sie derzeit besonders intensiv?«
A: »Wir sind bemüht, die Qualität bei gleichen Kosten zu verbessern.«

Mögliche Konkretisierungen (K):
K: »Wer ist daran beteiligt?«
K: »Worin besteht Ihr konkreter Beitrag?«
K: »Wie sind dabei die Kompetenzen verteilt?«
K: »Wie sieht dieses Vorgehen anhand des letzten Beispiels, das Sie bearbeitet haben, konkret aus?«
K: »Wer hat die Aktivitäten initiiert?«
K: »Was werden Sie als nächstes konkret angehen?«
K: »Wann werden Sie damit beginnen?«
K: »Welche Vorbereitungen haben Sie dazu jetzt bereits getroffen?«

Beispiel 2:
F: »Welche Arbeitsbedingungen sind für Sie ideal?«

A: »Ein angenehmes Umfeld.«

K: »Wie sieht das aus?«

A: »Keine Dauerfehden mit Kollegen.«

K: »Was tun Sie, wenn dies nicht gegeben ist?«

A: »Den Umgang mit den Kollegen ändern.«

K: »Gab es das in der letzten Zeit?«

A: »Ja.«

K: »Um welches Problem ging es dabei?«

A: »Um die PC – Nutzung.«

K: »Beschreiben Sie das bitte etwas näher.«

A: »Ein Kollege hat wichtige Dateien von mir gelöscht.«

K: »Wie haben Sie darauf reagiert?«

Beispiel 3:

F: »Wie gehen Sie mit Niederlagen um?«

A: »Man legt sich Strategien zurecht, damit umzugehen.«

K: »Wie sehen diese Strategien aus?«

A: »Nach vorne schauen, und nicht mehr daran denken.«

K: »Wann war dies das letzte Mal der Fall?«

A: »Vor drei Wochen.«

K: »Wie hat sich das abgespielt?«

Beispiele für Allgemeinplätze, die sehr häufig in Bewerbungsgesprächen auftreten und auf jeden Fall hinterfragt werden müssen, da sie in dieser allgemeinen Form auf fast alle Mitarbeiter und fast alle Betriebe zutreffen:

- Abläufe optimieren
- Qualität verbessern
- Aufgaben sach- und termingerecht erledigen
- Gutes Betriebsklima
- Einsparungen erreichen
- Wirtschaftlich handeln

5.2 Aufzählungen verlangen als eine Technik des Nachfragens

Diese spezielle Form des Nachhakens und Konkretisierens ist immer dann sinnvoll einzusetzen, wenn der Interviewer vom Bewerber gerne eine Antwort in Form einer Aufzählung hätte. Dabei kommt es häufig vor, daß der Bewerber auch nach dem Nachfragen nur eine Antwort gibt. Häufig gibt sich der Interviewer dann mit der mühsam gewonnenen einen Antwort zufrieden. Der Bewerber hat es dann geschafft, das Gespräch zu steuern und die ursprüngliche Intension der Frage des Interviewers zu unterlaufen. Dem kann der Interviewer dadurch begegnen, daß er die Antwort paraphrasiert und dann nach weiteren Inhalten fragt, und nicht vor der Schwierigkeit kapituliert, den Bewerber tatsächlich dazu zu bringen, die geforderten mehreren Antworten zu liefern. Schreckt der Interviewer davor zurück, mit einiger Penetranz die Beantwortung seiner Frage in der gestellten Form auch einzufordern, so zeigt er dem Bewerber auf der Beziehungsebene, daß die Fragen gar nicht so ernst gemeint sind, daß er die Antworten in die Richtung steuern kann, die er für richtig hält. Es ist das legitime Recht des Interviewers, auf seine Fragen auch die intendierte Antwort zu erhalten, auch wenn dies unter Umständen für den Bewerber unangenehm sein könnte. Anhand des Umgangs mit solchen Fragen kann der Konstruktivitätslevel, auf dem das Gespräch ablaufen soll, sehr gut definiert werden.

Beispiel für ein Verlangen von Aufzählungen (Aufz):

F: »Was sind aus Ihrer Sicht ideale Arbeitsbedingungen?«
A: »Ein gut ausgestatteter Arbeitsplatz.«
Aufz.: »Ein gut ausgestatteter Arbeitsplatz. Was noch?«
A: »Günstige Arbeitszeiten.«
Aufz.: »Ein gut ausgestatteter Arbeitsplatz und günstige Arbeitszeiten sind Ihnen wichtig, was noch?«

etc.

Wichtig dabei ist es, daß man nicht fragt: »Gibt es noch weitere wichtige Dinge?«, sondern daß man dies voraussetzt mit der Frage »Was gibt es noch für...?«. Fragt man mit der Formulierung: »Gibt es noch weitere Dinge, die Ihnen wichtig sind?«, so macht man es dem Bewerber einfach, zu sagen »Nein, das war das Wesentliche.«

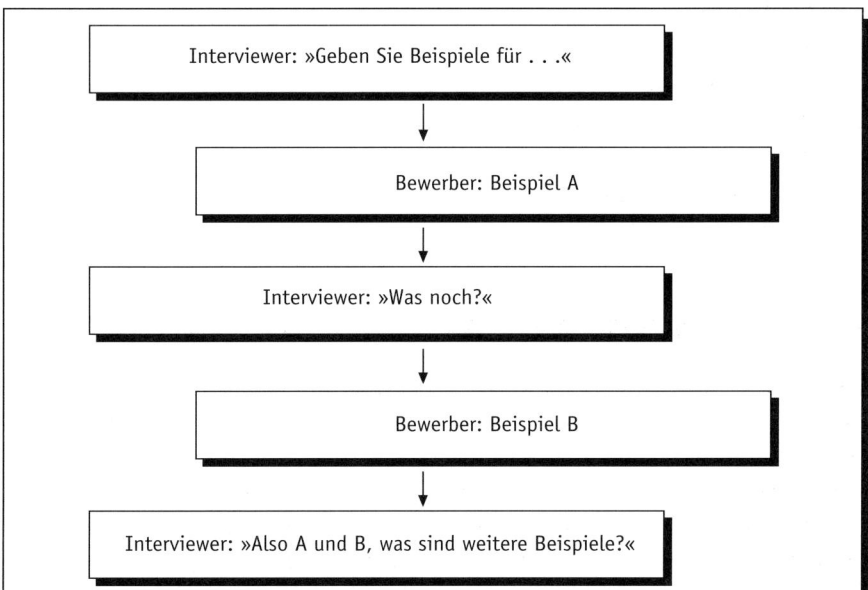

Abb. 16: Verlangen von Aufzählungen

5.3 Umgang mit »Nichts«- und »Noch Nie«- Antworten

Eine Möglichkeit, mit der der Bewerber sich der Notwendigkeit einer Konkretisierung und der Nennung von konkreten Beispielen entziehen kann, ist es, zu behaupten, ein konkretes Beispiel gäbe es nicht. Der Interviewer kann sich nun damit zufriedengeben oder er kann mit der Strategie des hypothetischen Fragens, auch an diesem Punkt weiterfragen.

Eine solche Gesprächssequenz kann zum Beispiel folgendermaßen ablaufen:

F: »Was stört Sie am Verhalten von Kollegen?«
A: »Wenn sie Informationen nicht weitergeben.«
K: »Wann war dies das letzte Mal der Fall?« (Nicht: »War dies schon einmal der Fall?«)

Versuch der Konkretisierung:

A: »Nein, Gott sei Dank noch nie« (»Noch nie« – Antwort).

Nun wäre diese Sequenz eigentlich beendet, der Interviewer kann jedoch auch hier noch weiterfragen. Das Weiterfragen kann mit Hilfe des hypothetischen Weiterfragens (HyFr) erfolgen, die obige Sequenz könnte z. B. folgendermaßen fortgesetzt werden:

HyFr: »Wie glauben Sie, würden Sie reagieren, wenn dies einmal der Fall wäre?«
HyFr: »Wie haben Sie sich in ähnlichen Situationen verhalten, in denen dies passiert ist?«
HyFr: »Was müßte passieren, daß...?«
HyFr: »Welche Bedingungen können Sie sich vorstellen, unter denen ...?«

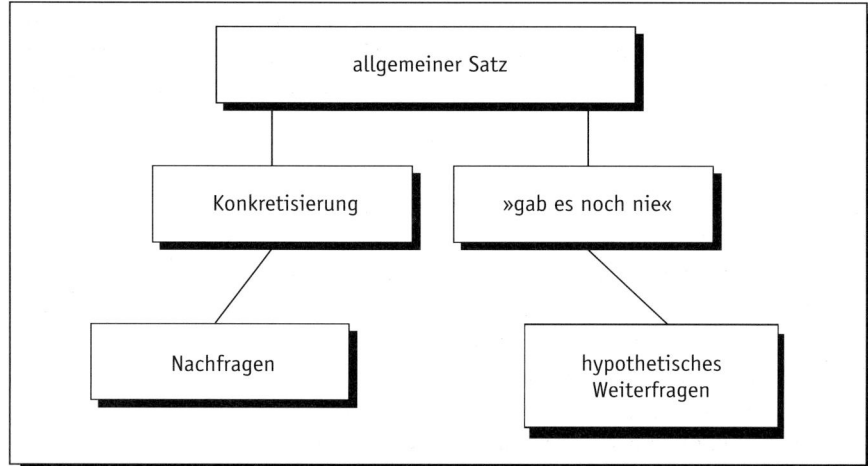

Abb. 17: Vorgehen beim Hypothetischen Nachfragen

Eine weitere Möglichkeit des Bewerbers, der Konkretisierung zu entweichen, ist es, Absichtserklärungen abzugeben, Aktionen in die Zukunft zu verlegen. Aber auch hier gibt es Möglichkeiten, zu konkretisieren und nachzufragen.

Beispiel:
F: »Was haben Sie in den zurückliegenden zwei Jahren an Weiterbildungen gemacht?«
A: »In den letzten zwei Jahren nichts, ich habe aber vor, ...«

Nachfragen:

• Welchen zeitlichen Horizont haben Sie sich dabei vorgestellt?
• Was müßten Sie tun, um sich darauf vorzubereiten?
• Was hat Sie bisher daran gehindert?
• Welche Institutionen bieten ... an?

5.4 Einstiegs- und Nachfragen

Wenn man auf eine Einstiegsfrage (E) mehrere Nachfragen (N) folgen läßt, so kann man die Qualität der Antworten auf die Einstiegsfrage mit der Qualität der Antworten auf die Nachfragen vergleichen. Ist die Qualität der Antworten auf die Nachfragen geringer als die Qualität der Antworten auf die Einstiegsfrage, so kann man relativ sicher davon ausgehen, daß die Antwort auf die Einstiegsfrage angelernt ist.

Beispiel für Einstiegs- und Nachfragen:
E: »Wie beurteilen Sie Ihre Fähigkeit, mündlich zu präsentieren und Vorträge zu halten?«

Antwortet der Bewerber »gering«, so wird dies wahrscheinlich der Realität entsprechen, antwortet er »sehr hoch«, so kann dies der Realität entsprechen, aber auch einem Stereotyp folgen, was tatsächlich vorliegt, kann man mit den Nachfragen versuchen festzustellen.

Mögliche Nachfragen (N):
N: »Welche Präsentationen/Vorträge haben Sie bisher gehalten?«
N: »Wer waren die Zuhörer?«
N: »Wie haben Sie Rückmeldung über Ihren Erfolg erhalten?«
N: »Wie haben Sie sich vorbereitet?«
N: »Welche Ziele wollten Sie erreichen?«
N: »Haben Sie diese Ziele erreicht?«
N: »Woher wissen Sie das?«
N: »Welche Darstellungsformen haben Sie gewählt?«
N: »Welche Medien haben Sie benutzt?«

N: »Wann würden Sie welche Medien einsetzen?«

N: »Wie groß war der Zuhörerkreis?«

N: »Wie hat er sich zusammengesetzt?«

N: »Wann war der letzte Termin?«

N: »Wann ist der nächste Termin?«

N: »Wer arrangiert die Termine?«

Weiteres Beispiel:

E: »Glauben Sie, daß Sie gute Arbeit leisten?«

Antwortet der Bewerber »Nein«, so wird dies wohl der Realität entsprechen, antwortet er »Ja«, so kann dies dem suggerierten Stereotyp entsprechen oder ebenfalls Realität sein, dies kann mit den Nachfragen versucht werden zu beurteilen.

Mögliche Nachfragen:

N: »Welche Qualitätsstandards gibt es für Ihre Arbeit?«

N: »Wer hat diese definiert?«

N: »Wie verbindlich sind diese Standards?«

N: »Woher erhalten Sie Rückmeldung über die Qualität Ihrer Arbeit?«

N: »Welche Einflußfaktoren außer Ihrer Leistung beeinflussen Ihre Arbeit?«

N: »Was unterscheidet Sie von einem durchschnittlichen Mitarbeiter?«

N: »Vergleichen Sie Situationen, in denen Sie überdurchschnittliche und unterdurchschnittliche Leistungen erbracht haben?«

Weiteres Beispiel:

E: »Wie würden Sie Ihre Belastbarkeit einschätzen?«

Antwortet der Bewerber »eher schlecht«, so entspricht dies wahrscheinlich der Realität, antwortet er »überdurchschnittlich«, kann dies wiederum Taktik sein oder der Realität entsprechen.

Mögliche Nachfragen:

N: »Wie sieht der Streß an Ihrer Arbeitsstelle aus?«

N: »Beschreiben Sie eine Streßsituation in den letzten zwei Wochen.«

N: »Was belastet Sie an Ihrer Stelle am meisten?«

N: »Wodurch unterscheiden sich die Belastungen bei Ihrer Stelle von denen anderer Stellen?«

N: »Wie verändern sich Ihre Arbeitsergebnisse unter Belastung?«

N: »Was tun Sie, um den Streß an der Arbeitsstelle zu reduzieren?«

N: »Wie gewinnen Sie Distanz zu einem streßreichen Arbeitstag?«

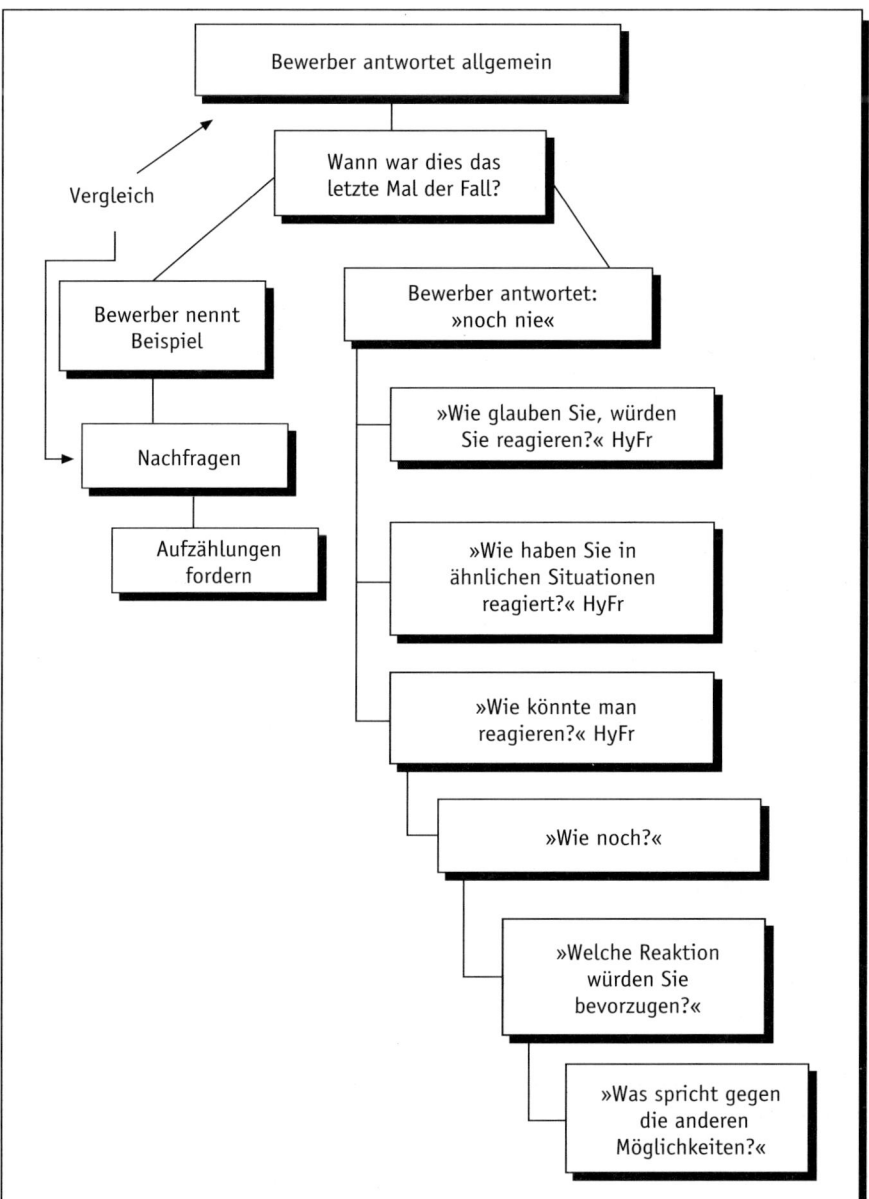

Abb. 18: Möglichkeiten des Konkretisierens

Zu diesem Kapitel befinden sich die Übungen »Nachfragen« und »Blech reden« im Anhang 1.

Das Meta-Modell als formale Hilfe zum Nachfragen

Die in diesem Kapitel dargestellten formalen Überprüfungen der Antworten des Bewerbers sollen dabei behilflich sein, einen relativ formalen Algorithmus bereitzustellen, nach dem man in einer eher an der Form als am Inhalt orientierten Art und Weise, ohne allzusehr auf den Inhalt achten zu müssen, Ansatzpunkte erkennen kann, an denen es sinnvoll, ja geradezu notwendig ist nachzufragen. Dieser Algorithmus stammt ursprünglich aus der Psychotherapie, die hier dargestellten Teile eines Gesamtkonzeptes (Bandler und Grinder, 1990) sind jedoch in genau der gleichen Weise in Bewerbergesprächen einzusetzen, da es letztendlich in der therapeutischen Diagnostik wie im Bewerbungsgespräch darum geht, relevante und bedeutsame Informationen von einem Gesprächspartner (egal ob Patient oder Bewerber) zu erhalten.

Das Modell mag unter Umständen anfänglich etwas abstrakt und sehr mechanisch und formalistisch erscheinen. Probieren Sie daher einfach aus, ob es für Sie anwendbar ist. Ist dies nicht der Fall, so reichen die Empfehlungen aus dem Kapitel 5 vollständig aus, um Handlungsleitlinien beim Nachfragen zu erhalten. Wenn man jedoch gut mit dem Meta-Modell zurechtkommt, hat man damit ein sehr effektives Mittel zur Generierung von Nachfragen zur Hand. Sollte das Modell anfänglich noch Schwierigkeiten bereiten, kann man es erst einmal zur Seite legen und die Anwendung zu einem späteren Zeitpunkt versuchen, wenn man bereits einige Erfahrung in der Anwendung der anderen beschriebenen Techniken besitzt.

6.1 Veranschaulichung des Modells

Eine sehr gute Analogie für den Prozeß, der beim Bewerbergespräch abläuft, stellt folgende Übung dar. Sie benötigen dazu einen Übungspartner, mit dem Sie sich Rücken an Rücken setzen. Der Übungspartner benötigt zusätzlich irgendein Bild, das Ihnen nicht bekannt ist und das er Ihnen natürlich vorher auch nicht gezeigt hat (Zeitungsausschnitt, Motivpostkarte, Foto, . . .). Der Partner hat nun die Aufgabe, Ihnen das Bild, das er in seinen Händen hält, nur mit Worten zu beschreiben. Da sie Rücken an Rücken sitzen, haben Sie nur die Worte des Partners, um sich ein »geistiges Abbild« von dem Bild zu machen, das Ihr Partner physisch in den Händen hält. Führen Sie diese Übung unter zwei verschiedenen Bedingungen durch. In der ersten Bedingung darf nur der Partner reden, Sie nehmen nur die Information auf, die Ihnen der Partner gibt, und versuchen, innerlich daraus ein Abbild des Bildes zu konstruieren. In der zweiten Bedingung haben Sie die Möglichkeit, zusätzlich Fragen an den Partner zu stellen, der Ihnen das Bild beschreibt, das er in seinen Händen hält.

Geben Sie dem Partner ca. fünf Minuten Zeit, Ihnen das Bild zu beschreiben, vergleichen Sie danach Ihr »inneres Abbild«, das Sie sich aus den verbalen Informationen Ihres Partners gemacht haben, mit dem physisch realen Bild, das der Partner in den Händen hält. Sie werden sehen, daß sich Ihr »inneres« Abbild nur mehr oder weniger unvollständig mit dem physisch realen Bild deckt (der Deckungsgrad hängt natürlich auch von den Beschreibungsfertigkeiten Ihres Partners ab, dieser Faktor wird hier jedoch vernachlässigt). Sehr wahrscheinlich wird sich das »innere« Bild in derjenigen Bedingung besser mit dem physisch realen Bild decken, in der Sie zusätzlich Fragen an den Partner stellen konnten.

Diese Übung kann als eine Analogie für jede Art von Kommunikation und insbesondere für die Bewerbergespräche im Besonderen aufgefaßt werden. Der Sender hat eine »innere« Vorstellung von dem, was er ausdrücken will (Gedankenwelt des Senders). Seine Worte können diese »innere« Vorstellung nur unvollständig wiedergeben (Verbalisierung des Senders). Der Empfänger hat seinerseits nur die Worte des Senders zur Verfügung und muß aus seinem verbalen Verständnis heraus aus der Verbalisierung des Senders seine »innere« Vorstellung von der »inneren« Vorstellung des Partners konstruieren. Die Schnittmenge zwischen beiden inneren Vorstellungen wird daher nur mehr oder weniger groß sein können. In jedem Gespräch und im Bewerberinterview besonders geht es darum, die »innere« Vorstellung des Bewerbers möglichst präzise zu erfassen, da diese unmittelbar bedeutsam für dessen Handeln sein wird. Erschwert wird diese Situation noch dadurch, daß der Bewerber nicht unbedingt seine »inneren« Vorstellungen preisgeben will, die Verbalisierung des Senders wird noch zusätzlich durch den Filter der sozialen Erwünschtheit verzerrt.

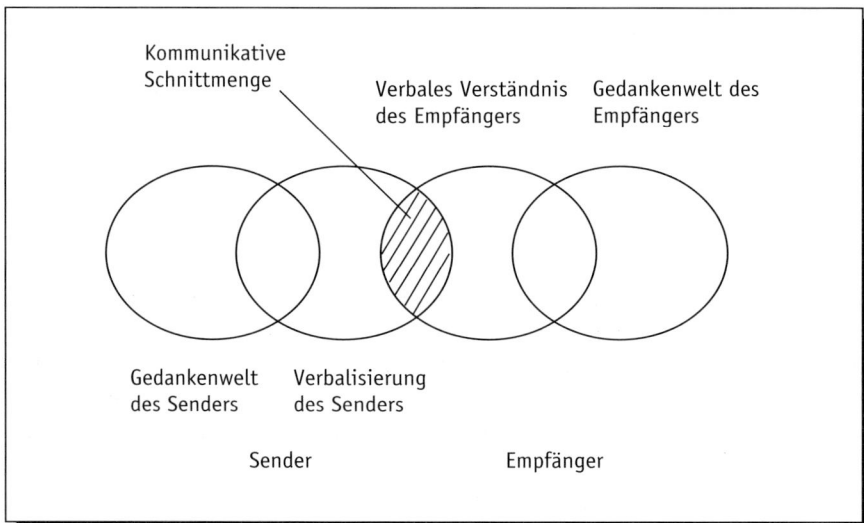

Abb. 19: Kommunikative Schnittmenge

Der Empfänger hat nun aufgrund der begrenzten Deckungsgleichheit der inneren Vorstellungen des Senders und des Empfängers prinzipiell drei Möglichkeiten:

1. Er akzeptiert die begrenzte Deckungsgleichheit als naturgegebene Hürde in der zwischenmenschlichen Kommunikation.
2. Er versucht, die Elemente, die über die Schnittmenge hinausgehen, zu erraten, selber zu konstruieren. Er läuft dabei natürlich Gefahr, daß er die fehlenden Elemente falsch errät und daß er einen relativ großen Teil seiner eigenen Wahrnehmung in den Gesprächspartner »hineinprojeziert«.
3. Er kann versuchen, durch gezieltes Nachfragen, die Schnittmenge zu vergrößern.

Dieses Nachfragen kann sich einerseits auf bestimmte Inhalte beziehen, die dem Interviewer relativ »zufällig« auffallen und nachfragenswert erscheinen, es kann aber auch nach einem formalen Schema erfolgen. Es gibt nun einige formale Elemente in den Antworten des Bewerbers, anhand derer man relativ leicht und formal erkennen kann, wo man nachfragen muß, um die Schnittmenge der inneren Vorstellungen des Bewerbers und des Interviewers zu vergrößern. Diese lehnen sich an das oben erwähnte Meta-Modell der Kommunikation an (Bandler und Grinder 1990). Nach diesem Modell wird die kommunikative Schnittmenge seitens des Senders verkleinert durch den Gebrauch von Universalquantifizierungen, Nominalisierungen und sprachlichen Tilgungen. Um die kommunikative Schnittmenge zu vergrößern müssen diese Elemente der Kommunikation näher hinterfragt werden. Diese drei Elemente werden nachfolgend näher beschrieben. Beim praktischen Interview kann man diese drei Elemente als Signalgeber zum Nachfragen benutzen. Diese Signalgeber zeigen »automatisch« und formal an, an welcher Stelle es sich lohnt weiter nachzufragen, um die kommunikative Schnittmenge zu vergrößern.

6.2 Universalquantifizierungen

Das erste zu hinterfragende Element ist die sogenannte Universalquantifizierung. Dabei handelt es sich um Formulierungen, die sich immer auf eine größere Menge von Personen, Situationen etc. beziehen und daher wenig oder gar keine spezifische Information über den Bewerber liefern können. Verwendet ein Bewerber Universalquantifizierungen, so sollten diese immer hinterfragt werden. Eine Unterhaltung mit dem Gebrauch von Universlquantifizierungen bleibt immer auf einem allgemeinen, unverbindlichen Niveau. Bei einem Bewerbergespräch geht es ja darum, den Bewerber mit seinen speziellen Sichtweisen, Einstellungen und Meinungen kennenzulernen. Universalquantifizierungen sind diesem Ziel genau entgegengesetzt. Benutzt der Bewerber Universalquantifizierungen, so vermeidet er ein eindeutiges Stellungbeziehen, er »versteckt« sich hinter einer größeren Menge.
Solche Universalquantifizierungen können z. B. sein:

Beispiele für Universalquantifizierungen:

- Wir
- Man
- Alle
- Jede(r)
- Sämtliche
- Irgendeiner
- Immer
- Die Fachwelt
- Es
- Generell
- Häufig
- Die Firma
- Niemals
- Keine(r)
- Nichts
- Nie
- Nirgends

Diese Universalquantifizierungen können als Signalworte fungieren, die ein Nachfragen immer lohnenswert machen.

Solche Universalquantifizierungen können hinterfragt werden durch Formulierungen wie z. B.:

Beispielformulierungen zum Nachfragen von Universalquantifizierungen:

»Wer genau . . .?«
»Was genau . . .?«
»Wie sehen Sie persönlich . . .?«
»Was meinen Sie selber zu . . .?«

6.3 Nominalisierungen

Bei einer Nominalisierung nimmt der Bewerber eine Verkürzung der Beschreibung vor, indem er aus einem Prozeß einen Endzustand formuliert. Der Endzustand wird zwar beschrieben, nicht aber der Weg, der zu diesem Endzustand geführt hat. Der individuelle Prozeß der Entstehung eines Endzustandes ist es jedoch, der uns essentielle Informationen über die »innere Vorstellung« des Bewerbers liefert. Ein Endzustand dagegen kann auf sehr vielen unterschiedlichen Wegen erreicht werden. Formal syntaktisch wird ein Nomen dort eingesetzt, wo eigentlich ein Verb hingehört. Ein Prozeßwort oder ein Verb der Gedankenwelt des Senders tritt bei der Nominalisierung als Substantiv in der Verbalisierung des Senders auf.

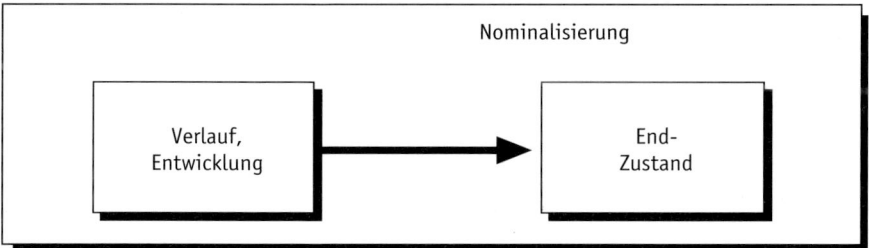

Abb. 20: Der sprachliche Verkürzungsmechanismus der Nominalisierung

In der Aussage »Gute Zusammenarbeit ist für mich wichtig« ist das Substantiv »Zusammenarbeit.« Eine Zusammenarbeit kann man nicht anfassen, daher handelt es sich um eine im engeren Sinne grammatische Fehlkonstruktion. Ein Substantiv wird also durch eine Nominalisierung »künstlich« erzeugt. Dahinter steht das Verb »zusammenarbeiten.« Daher ist das Wort »Zusammenarbeit« in diesem Beispiel näher zu hinterfragen.

Formales Vorgehen zur Identifikation von Nominalisierungen:

1. Achten Sie auf jedes Nicht-Verb in der Antwort des Bewerbers.
2. Überprüfen Sie, ob dieses Substantiv einen Gegenstand oder einen Endzustand darstellt. Dies kann z. B. dadurch geschehen, daß man sich innerlich die Frage stellt: »Kann ich es anfassen?« Beantworten Sie diese Fragen mit »JA«, so ist es ein Substantiv, beantworten Sie diese Fragen dagegen mit »NEIN«, so ist dies ein Anlaß, weiter nachzufragen.

Weitere Kriterien zur Überprüfung, ob eine Nominalisierung vorliegt:

- Man kann sich innerlich die Frage stellen: »Wird deutlich, WIE etwas gemacht wird?« (Wenn diese Frage mit »Nein«, beantwortet wird, kann eine Nominalisierung vorliegen). Die Aussage »Ich möchte meine Erfahrung einbringen« enthält die Nominalisierung »Erfahrung«, die einen Endzustand beschreibt. Nachzufragen ist dabei, um welche Erfahrungen es sich handelt und wie diese Erfahrungen gemacht wurden.
- Man kann sich innerlich auch die Frage stellen: »Kann man sich das Substantiv bildlich vorstellen?« Gelingt dies nicht, so ist dies ein Hinweis auf eine zu hinterfragende Nominalisierung. Den Begriff »Erfahrung« oder »Zusammenarbeit« kann man sich nicht bildhaft vorstellen. Man muß daher weiter nachfragen, bis man von dem Zustandekommen der Erfahrung so viele Informationen hat, daß man sich dieses Zustandekommen bildhaft vorstellen kann.

Das Nachfragen von Nominalisierungen erfolgt am besten mit Hilfe von »Verlaufsworten«.

Eine weitere Möglichkeit, Nominalisierungen zu hinterfragen, besteht darin, daß man die Nominalisierung wörtlich nimmt. Die Nominalisierung »Erfahrung« kann man hinterfragen mit: »Was haben Sie erfahren?« Die Nominalisierung »Herausforderung« mit: »Wen möchten Sie herausfordern?« oder mit: »Wer fordert Sie heraus?« Die Nominalisierung »Verantwortung« mit: »Auf welchen Fragen möchten Sie Antworten« oder: »Wem gegenüber möchten Sie Antwort geben?«

Diese Art der Nachfrage mag vielleicht am Anfang etwas seltsam erscheinen, sie ist jedoch nur die Umkehrung einer mindestens genauso seltsamen Nichtbeantwortung einer Frage seitens des Bewerbers.

Mögliche Formulierungen, um den Verlauf zu hinterfragen:

- wie kam es, daß ...?
- wie hat sich ... entwickelt?
- was waren die Überlegungen für ...?

6.4 Sprachliche Tilgungen

Eine weitere mögliche Eigenheit von Bewerberantworten stellen sogenannte »sprachliche Tilgungen« dar. Sprachliche Tilgungen machen einen Satz dadurch unverständlich, daß bestimmte Elemente fehlen.

Die Aussage »Ich bin wütend« ist nicht vollständig, es fehlt der jeweilige Bezug, worüber man wütend ist. Der Hörer kann sich diesen Bezug vielleicht denken, er kann sich aber nicht gewiß sein, daß diese Vermutung auch dem entspricht, was der Sender meinte.

Kriterium für das Vorliegen einer sprachlichen Tilgung:

Kann man sich (intuitiv) einen vollständigeren Satz vorstellen, indem man fragt »was genau?«, »wer genau?«, »wie genau?«. Ist die Antwort »JA«, sollte nachgefragt werden.

Formale Überprüfung, ob eine Tilgung vorliegt:

1. Hören Sie auf die Oberflächenstruktur.
2. Kann sich das Gesagte auf mehrere Substantive beziehen?
3. Ist die Antwort »JA«, muß man weiterfragen.

Weitere Beispiele für sprachliche Tilgungen:
Nachfolgend stehen in der linken Spalte Sätze, die Tilgungen enthalten, in der rechten Spalte Fragen, mit deren Hilfe die Tilgungen hinterfragt werden können.

- »Ich bin froh.«   worüber?
- »Ich habe Angst.«   wovor?
- »Ich habe ein Problem.«   womit?
- »Kommunizieren fällt mir schwer.«   mit wem?
- »Ich verspreche, mich zu bemühen.«   was zu tun?
- »Ich mag keine ungenauen Menschen.«   bei was ungenau?
- »Penible Leute ärgern mich.«   bei was penibel?
- »Ich bin neugierig.«   worauf?

Die oben beschriebenen Tilgungen, Nominalisierungen und Universalquantifizierungen sind Reaktionen des Bewerbers, die letztendlich der (absichtlichen oder unabsichtlichen) Selbstverhüllung dienen (vergl. Kap. 2), und daher in einem Bewerbungsgespräch natürlich besondere Beachtung verdienen.

Zu dem vorgestellten formalen Modell zum Nachfragen befinden sich die Übungen »Meta-Modell« und »Nominalisierungen« im Anhang 1.

Spezielle Fragen/Überprüfung der Antworten

In diesem Kapitel werden Techniken vorgestellt, die es ermöglichen, die Antworten des Bewerbers auf ihre Richtigkeit hin zu überprüfen und so abzuschätzen, welchen Raum die Selbstenthüllung bzw. die taktische Selbstdarstellung des Bewerbers an der Gesamtinformation einnimmt (vergl. Kap. 2). Es kann dabei natürlich keine Liste von »Zauberfragen« vorgelegt werden, die besonders trickreich sind. Die meisten guten Fragen sind auf der inhaltlichen Ebene eher trivial. Entscheidend ist es dagegen jedoch, wie man mit der jeweiligen Antwort auf diese Fragen umgeht, ob man sie für bare Münze nimmt, oder sie entsprechend hinterfragt. Natürlich stellen die hier beschriebenen Techniken keine Garantiescheine dafür dar, daß Sie jeden Bewerber, der taktisch antwortet, auch tatsächlich entlarven. Die Hürde, die der Bewerber dabei nehmen muß, wird bei der Verwendung dieser Techniken jedoch sehr hoch angelegt.

Im Prinzip kann der Bewerber auf jede Frage »frei erfunden« antworten, da der Interviewer die Richtigkeit vieler Antworten ja nicht oder zumindest nicht unmittelbar nachprüfen kann. In der Realität ist jedoch das taktische Antworten zumindest eingeschränkt:

Wahrscheinlich sind nur wenige Bewerber dazu in der Lage, über eine längere Zeit verzerrt zu antworten, da dies »geistige Arbeit« und Schlagfertigkeit erfordert. Antwortet ein Bewerber in einer absichtlich verzerrten Art und Weise, so braucht er dazu sehr viel Aufmerksamkeit, um über eine längere Zeit auch konsistent verzerrt antworten zu können und sich dabei nicht in Widersprüche zu verwickeln. Zusätzlich dazu braucht er noch ein gutes Erinnerungsvermögen. Es fällt daher einfach leichter, »ehrlich« zu antworten. Da der Bewerber nicht genau wissen kann, welche Informationen der Interviewer prinzipiell nachprüfen kann und ob er dies auch tun wird, wird er die Verzerrung eher vorsichtig anwenden.

Andererseits ist es ja das legitime Recht des Bewerbers, sich in einem möglichst guten Licht erscheinen zu lassen. Dabei sind ihm eine ständig steigende Anzahl von Bewerberratgebern behilflich. Die meisten Fragen, die üblicherweise im Vorstellungsgespräch gestellt werden, sind veröffentlicht mitsamt den scheinbar »richtigen« Antworten dazu. Die nachfolgend beschriebenen Techniken erlauben es abzuschätzen, in welchem Ausmaß ein Bewerber die Antworten oberflächlich angelernt hat, bzw. in welchem Ausmaß sie »richtige« und »spontane« Antworten des Bewerbers darstellen.

7.1 Konkretisieren

Die Technik des Konkretisierens als eine zentrale Technik des Vorstellungsgespräches wurde bereits weiter oben (vergl. Kap. 5 und 6) dargestellt. Der Vergleich der Antwortqualität auf eine allgemein gestellte Einstiegsfrage mit der Qualität der

Antworten auf die Nachfragen erlaubt eine Abschätzung der Tendenz des Bewerbers, taktisch und verzerrt zu antworten. Ist die Qualität der Antworten auch beim Nachfragen hoch, so spricht dies für eine eher »ehrliche« Antwort des Bewerbers. Ist dagegen die Qualität der Antworten auf die Nachfragen geringer als die Qualität der Antworten auf die allgemeinen Einstiegsfragen, so spricht dies eher für taktisches Antworten, zumindest ist dann Vorsicht angebracht.

7.2 Zum gängigen Stereotyp konträre Fragen

Bei dieser Technik sucht man zunächst Fragen, von denen man erwarten kann, daß sie von fast allen Bewerbern in einer bestimmten Richtung beantwortet werden, deren Beantwortung fast Allgemeingut sind. Zur Generierung solcher Fragen eignen sich z. B. Bewerberhandbücher, in denen diese Stereotype verbreitet werden. Ein solches Stereotyp stellt z. B. die Einstellung zur Teamarbeit dar. Nahezu jeder Bewerber wird auf die Frage »Wie stehen Sie zur Teamarbeit?« antworten, daß er der Teamarbeit positiv gegenübersteht. Der Informationsgehalt der Antwort des Bewerbers ist daher sehr gering. Mit einer solchen Antwort allein kann der Interviewer nichts anfangen. Bei der Überprüfungstechnik der zum Stereotyp konträren Fragen geht es daher darum, diese dem allgemeinen Stereotyp entsprechende Antwort in Frage zu stellen. Aus den Bewerberreaktionen zu diesen zum gängigen Stereotyp konträr gestellten Fragen kann man abschätzen, ob sich der Bewerber tatsächlich mit dem jeweiligen Thema auseinandergesetzt hat, oder ob er nur die (scheinbar) »richtige« Antwort auswendig gelernt hat.

Auf die Frage nach der Teamarbeit antworten Bewerber in der Regel, daß die Teamarbeit immer wichtiger wird, heutzutage sogar eine notwendige Voraussetzung für den Produktionsprozeß darstellt, daß das »Einzelkämpfertum« heute keine Berechtigung mehr hat, daß komplexe Abläufe nur durch Teamarbeit bewältigt werden können, daß interdisziplinäres Handeln heute ganz zentral ist, daß er sich auf seine Prüfungen auch in der Gruppe vorbereitet hat und so weiter und so fort. Diese Antworten werden relativ stereotyp »heruntergebetet«. Aus den Antworten auf diese Fragen kann man maximal erkennen, ob ein Bewerber die gängigen Stereotype kennt oder ob er nicht einmal mit diesen vertraut ist. Auf keinen Fall kann man damit abschätzen, wie der Bewerber »tatsächlich« zur Teamarbeit steht und welche Erfahrungen er mit Teamarbeit hat, diese Informationen wären natürlich sehr viel relevanter. Bei der Technik der zum allgemeinen Stereotyp konträren Frage geht man nun so vor, daß man dieses Stereotyp negiert und den Bewerber auffordert, diese Negierung des Stereotyps zu untermauern. Gelingt es dem Bewerber dabei nicht, auch diese Negation zu untermauern, spricht dies dafür, daß er nur wenig und nur sehr undifferenziert mit der Thematik vertraut ist und daher in einer eher angelernten Weise antwortet.

Solche zum gängigen Stereotyp konträren Fragen können für die Teamarbeit z. B. sein:

»Wo sehen Sie Grenzen von Teamarbeit?«

»Wo sollte man keine Teamarbeit anwenden?«

»Was muß gegeben sein, damit Teamarbeit erfolgreich verläuft?«

»Teamarbeit ist ja nun eine sehr problematische Sache, wo sehen Sie die Hauptprobleme?«

»Die Teamarbeit wird nach meiner Ansicht weit überschätzt. Wo sehen Sie die Knackpunkte dabei?«

Das Stereotyp der Teamarbeit wird jedoch nicht nur in Bewerberhandbüchern verbreitet. So ist nach einer in der Wochenzeitschrift »Die Zeit« veröffentlichten Umfrage bei 86 Unternehmen das wichtigste »soft skill« bei Ingenieuren die Teamfähigkeit. Die Lern- und Leistungsorientierung findet sich erst an fünfter Stelle, die Neigung zu kundenorientierter Tätigkeit gar auf dem letzten von 16 Rangplätzen (»Die Zeit«, Nr. 41, 1999). Eine ähnliche Einschätzung findet sich im »Focus«. Auch hier taucht unter der Rubrik »Forderungen und Ratschläge der Unternehmen« das »soft skill« Teamfähigkeit an erster Stelle auf (»Focus« 42, 1999).

Offenbar scheinen auch die Unternehmen bei Ihren Anforderungen Stereotypen zu folgen, zumindest wird es so in Massenmedien dargestellt. Daher ist es wenig verwunderlich, wenn sich Bewerber so äußern, daß sie diesem – vermeintlichen oder tatsächlichen – Stereotyp zu entsprechen versuchen.

Nach meiner Erfahrung antwortet mindestens die Hälfte der Bewerber, die Teamarbeit sei prinzipiell immer gut, es gebe keine Probleme mit der Teamarbeit etc. Solche Antworten zeigen, daß der Bewerber keine differenzierte Vorstellung von Teamarbeit hat und nur entsprechend dem Stereotyp antwortet. Der Bewerber, der sich dagegen differenziert mit dem Thema »Teamarbeit« auseinandergesetzt hat, wird z. B. antworten:

- Der Koordinationsaufwand ist bei Teamarbeit höher als bei Einzelarbeit.
- Gruppen benötigen eine längere Anlaufzeit.
- Entscheidungen können verzögert werden.
- Einzelne Gruppenmitglieder können das Team dominieren.
- Konformitätseffekte können auftreten.
- Für klar definierte Aufgaben ist Einzelarbeit häufig besser.
- Gruppen bieten eine Bühne für profilierungssüchtige Mitglieder.
- Der Einzelne kann sich verstecken (Trittbrettfahren).
- Gruppen entscheiden in der Regel riskanter als Einzelpersonen (Risikoschubphänomen).
- etc.

Wenn ein Bewerber die oben genannten Punkte anspricht, können diese natürlich noch weiter hinterfragt werden, um festzustellen, ob es sich nur um »angelerntes« Wissen oder um tatsächliche Erfahrungen handelt.

Das Konstruktionsprinzip der zu dem gängigen Stereotyp konträren Fragen lautet:

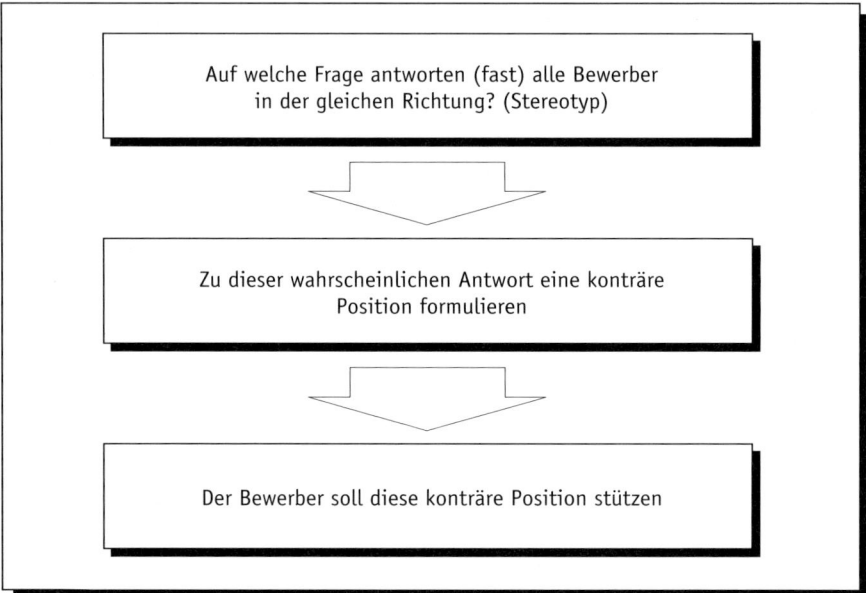

Abb. 21: Das Konstruktionsprinzip von zum gängigen Stereotyp konträren Fragen

7.3 Zirkuläre Fragen

Dieser Fragetyp bietet sich immer dann an, wenn es um Selbstbewertungen des Bewerbers geht. Natürlich ist es wiederum wichtig und nützlich zu wissen, wie sich der Bewerber selber einschätzt, wo z. B. seine Stärken und seine Schwächen liegen. Gerade diese Fragen sind ja nun in Bewerberkreisen hinlänglich bekannt. Jeder Bewerber hat sich wahrscheinlich eine relativ unbedeutende Schwäche parat gelegt, die zusätzlich vielleicht noch eine Stärke darstellt wie z. B.: »ich bin manchmal etwas zu genau« oder »ich versuche, viele Projekte gleichzeitig zu machen« usw. Auf die Frage der Selbsteinschätzung werden die Bewerber in aller Regel natürlich eine positive Selbsteinschätzung abgeben, alles andere wäre reine Selbstdestruktion. Mit Hilfe zirkulärer Fragen kann man der Trivialität der Antworten auf diese Fragen zumindest ein Stück weit entgehen.

Bei der Technik der zirkulären Fragen wird der Bewerber nicht nach seiner eigenen Selbsteinschätzung gefragt, sondern danach, wie er glaubt, daß relevante andere Personen ihn wohl einschätzen würden. Der Bewerber muß dann geistig einen »Umweg« über eine andere Person machen und sich zu einem gewissen Teil zum Gegenstand einer hypothetischen Außenbetrachtung machen. Diese »geistige Kurve« bindet kognitive Energie, die dann zur bewußten Kontrolle der Antworten fehlt und macht es daher wahrscheinlicher, daß der Bewerber spontan antwortet und hat manchmal erstaunliche Effekte. Zusätzlich wird diese Frage zu einer »Denkaufgabe«, bei der man nicht so einfach die vorbereitete Antwort abspulen kann.

Aus der Selbstkonzeptforschung ist bekannt, daß sich die von Versuchspersonen berichteten Selbstbilder dann besser mit den Fremdbildern decken, wenn die Versuchspersonen vor einem Spiegel saßen, während sie ihr Selbstbild beschrieben (Pryor, Gibbons, Wicklund, Fazio & Hood 1977). Offenbar bewirkt eine Betrachtung der eigenen Person von außen (sei es durch Spiegel oder durch die kognitive Aufgabe, die Bewertung der eigenen Person durch andere Personen einzuschätzen), daß ein realistischeres Selbstbild berichtet wird. Der Bewerber nimmt durch die Beantwortung zirkulärer Fragen zu einem Teil eine »Außensicht« seiner eigenen Person ein.

Konkrete Formulierungen für solche zirkulären Fragen sind z. B.:

- »Worin, glauben Sie, würden Ihre Kollegen sagen, liegen Ihre Stärken?«
- »Wie glauben Sie, würden Ihre Kollegen sagen, daß Sie von ihnen gesehen werden wollen?«
- »Was würde Ihr Chef meinen, können Sie sehr gut?«
- »Was glauben Sie, würden Ihre Kunden sagen, sind Ihre Pluspunkte?«
- »Wie glauben Sie, würden Sie Ihre Ausbilder beschreiben?«

Die in der Originalform triviale, reflexhaft natürlich in einer positiven Richtung beantwortete Frage nach der eigenen Selbstbewertung wird so zu einer relativ komplexen kognitiven Aufgabe. Es laufen ganz andere kognitive Prozesse ab als bei der einfachen Frage nach der Selbstbewertung. Aus der einfachen Frage nach der Selbsteinschätzung wird so die komplexe Leistung der Einschätzung der Einschätzung durch andere Personen.

Diese Frage kann noch weiter ausgebaut werden durch die Nachfrage »Woher glauben Sie zu wissen, daß Ihr Vorgesetzter Sie so einschätzt?« Man hat damit ein weiteres Korrektiv in der Hand, das eine Abschätzung erlaubt, wie fundiert und reflektiert die vorher gegebene Einschätzung der Einschätzung durch andere ist.

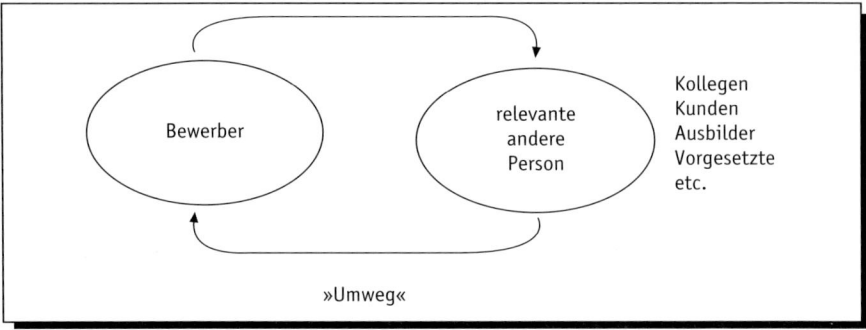

Abb. 22: Konstruktion zirkulärer Fragen

7.4 Projektive Fragen

Projektive Fragen sind den zirkulären Fragen sehr ähnlich. Sie stellen ebenfalls eine eher indirekte Form der Fragestellung dar. Dabei werden die Fragen so formuliert, daß damit die Werthaltungen anderer Personen aus der Sicht des Bewerbers bewertet werden. Die dahinterstehende Idee ist, daß sich bei jeder Bewertung der Werthaltungen anderer Personen die eigenen Werthaltungen zu einem guten Teil widerspiegeln. In jede Bewertung anderer Personen legen wir unwillkürlich einen Teil unserer eigenen Werthaltungen hinein. Daher sind diese Fragen immer dann sinnvoll, wenn es darum geht, Einstellungen, Werthaltungen etc. zu erfassen. Dadurch, daß man nicht direkt nach den Werthaltungen des Bewerbers fragt, sondern Werthaltungen auf relevante Personen in der Außenwelt des Bewerbers »projiziert«, erreicht man – ähnlich wie bei den zirkulären Frage –, daß die gestellte Frage nicht nur einen (eventuell auswendig gelernten) Antwortreflex auslöst, sondern daß die Frage zu einer kognitiven Aufgabe wird. Zusätzlich schafft man eine Distanzierung, da es ja (zumindest vordergründig) um andere Personen und nicht um den Bewerber selber geht. Die Frage wird für den Bewerber zu einer komplexeren und dadurch der bewußten Manipulation weniger zugänglicheren Aufgabe als das bloße Aufzählen der eigenen Werte. Die Informationen, die man so zu den Werthaltungen des Bewerbers erhält, sind dadurch wahrscheinlich authentischer.

Praktisch geht man dabei so vor, daß man eine relevante Person aus der Umgebung des Bewerbers definiert (Lehrer, Vorgesetzte, Kollegen, Kunden, Mitarbeiter, . . .) und den Bewerber auffordert, deren Werthaltungen zu beschreiben und zu bewerten.

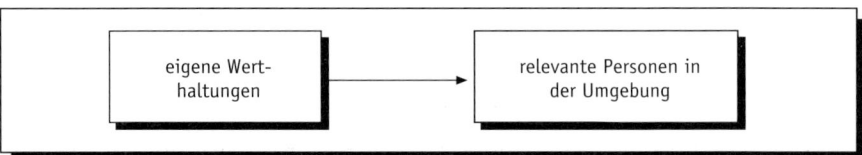

Abb. 23: »Projektion« der eigenen Werthaltungen auf andere Personen

Konkrete Formulierungen können z. B. sein:

- »Beschreiben Sie bitte die Werthaltungen Ihres Vorgesetzten.«
- »Wie bewerten Sie diese Werthaltungen?«
- »Wie würden Sie die drei wichtigsten Werte Ihres Ausbilders beschreiben?«
- »Was halten Sie von diesen Werten?«

Die Antworten des Bewerbers auf diese Fragen können und sollen dann natürlich weiter hinterfragt werden.

7.5 Abstrakte Fragen

Im Kapitel 5 wurde beschrieben, wie schwer es vielen Bewerbern fällt, konkrete Aussagen zu treffen. Dies kann aus einer allgemeinen Tendenz zur Inkonkretheit herrühren, kann aber auch eine (bewußte oder unbewußte) Selbstverbergung sein. Die Bewerber scheinen ein mittleres Maß an Konkretheit ihrer Antworten zu bevorzugen. In diesem mittleren Konkretisierungsbereich erfolgen die Antworten eher kontrolliert, reflektiert, vorbereitet.

Eine Möglichkeit, hier zu intervenieren ist die im Kapitel 5 dargestellte permanente Konkretisierung. Es gibt aber auch die Möglichkeit, genau das Gegenteil davon zu tun, d. h., möglichst abstrakte Fragen zu stellen. Dies wird sehr häufig dazu führen, daß der Bewerber verblüfft ist und daher eher spontan, unreflektiert und natürlich antwortet. Diese Art der Antworten sind natürlich wesentlich nützlicher als kontrollierte und reflektierte Antworten.

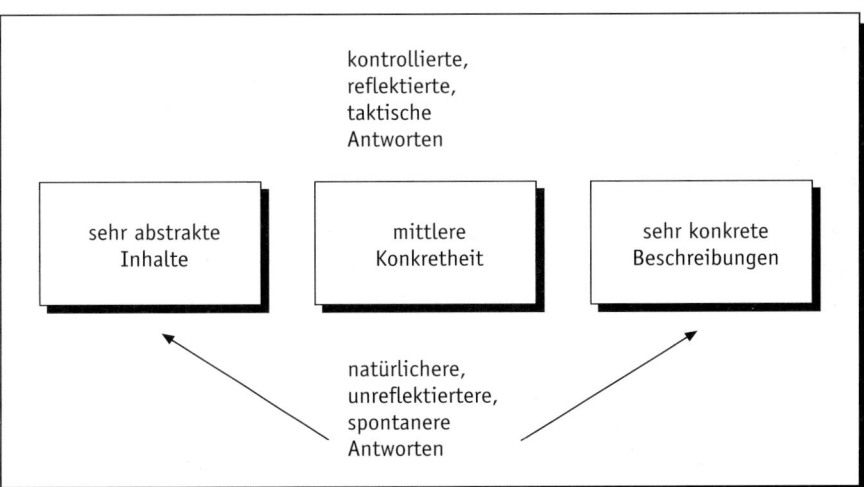

Abb. 24: Antwortverhalten in Abhängigkeit vom Abstraktionsgrad der Frage

Beispiele für solche sehr abstrakten Fragen sind:

- »Wie lautet Ihr Lebensmotto?«
- »Was heißt Arbeit für Sie?«
- »Was ist in Ihrem Leben zentral?«
- »Was können Sie überhaupt nicht leiden?«
- »Wie sieht Ihr Traum aus?«
- etc.

7.6 Mehrgliedrige Fragen

Mit Hilfe von mehrgliedrigen Fragen kann man relativ gut abschätzen, inwieweit ein Bewerber in der Lage ist, »mehrgleisig« zu denken, inwieweit er die Kommunikation inhaltlich führen kann und dabei gleichzeitig auf der Meta – Ebene die Kommunikation überblicken und steuern kann oder inwieweit er auf einen Teil der Fragen fixiert ist und dabei den Überblick verliert. Eine mehrgliedrige Frage besteht im Prinzip aus mehreren einzelnen Fragen, die in einem einzigen Fragesatz zusammengepackt sind. Damit wird eine Informationsüberladung erreicht. Der Bewerber muß sich zunächst eine der gestellten Teilfragen herausgreifen und diese beantworten. Dies wird natürlich jeder Bewerber leisten können. Viele Bewerber belassen es aber dann bei der Beantwortung der durch sie herausgegriffenen Teilfrage und haben die anderen Teilfragen nicht mehr parat. Der Effekt der mehrgliedrigen Fragen kann noch dadurch gesteigert werden, daß die Beantwortung der ersten Teilfrage durch den Interviewer mittels vieler Nachfragen relativ lange »ausgebaut« wird. Dies erschwert es dem Bewerber, die anderen Teilfragen im Gedächtnis zu behalten. Wichtig beim Stellen von mehrgliedrigen Fragen ist es, daß der Interviewer dem Bewerber nach der Beantwortung der ersten Teilfrage nicht sofort von sich aus die nächste Frage stellt, sondern dem Bewerber erst einmal etwas Zeit zum Nachdenken läßt. Erst wenn nach dieser Zeit keine Reaktion vom Bewerber kommt, sollte der Interviewer die nächste Frage stellen. Um die Schwierigkeit zu steigern, kann der Interviewer mit zweigliedrigen Fragen beginnen und dann, falls diese komplett beantwortet wurden, drei- oder viergleidrige Fragen stellen.

Verschiedene mehrgliedrige Fragen sollten nicht unmittelbar nacheinander gestellt werden, sondern »zufällig« in den Gesprächsablauf eingestreut werden.

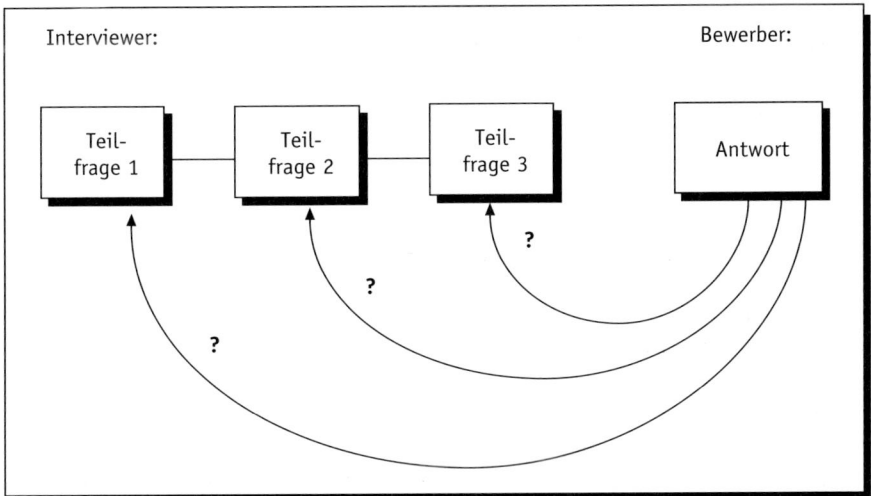

Interviewer: Bewerber:

Teil-frage 1   Teil-frage 2   Teil-frage 3   Antwort

Abb. 25: Mehrgliedrige Fragen

Beispiele für mehrgliedrige Fragen:

a) Zweigliedrige Fragen:

- »Was ärgert Sie im Berufsleben (1. Teilfrage) und wie reagieren Sie dann darauf (2. Teilfrage)?«
- »Wie waren Ihre einzelnen Prüfungsergebnisse (1. Teilfrage) und wie sind Sie bei der Vorbereitung vorgegangen (2. Teilfrage)?«
- »Was sind Ihre beruflichen Ziele (1. Teilfrage) und wie wollen Sie diese erreichen (2. Teilfrage)?«
- »Welche Vorstellungen haben Sie von der idealen Arbeit (1. Teilfrage) und wie kamen diese zustande (2. Teilfrage)?«
- »Was war ausschlaggebend für die Wahl Ihres Studienfaches (1.Teilfrage) und wie war die Bewerbersituation in diesem Studiengang (2. Teilfrage)?«

b) Dreigliedrige Fragen:

- »Was ärgert Sie im Berufsleben (1. Teilfrage), wie reagieren Sie darauf (2. Teilfrage) und was tun Sie, um diesen Ärger zu vermeiden (3. Teilfrage)?«
- »Wie waren Ihre einzelnen Prüfungsergebnisse (1. Teilfrage), wie sind Sie bei der Vorbereitung vorgegangen (2. Teilfrage) und was würden Sie bei der nächsten Prüfung anders machen (3. Teilfrage)?«
- »Was sind Ihre beruflichen Ziele (1. Teilfrage), wie wollen Sie sie erreichen (2. Teilfrage) und was tun Sie, wenn Sie diese Ziele nicht erreichen (3. Teilfrage)?«
- »Welche Vorstellungen haben Sie von der idealen Arbeit (1. Teilfrage), wie kamen diese zustande (2. Teilfrage) und was tun Sie, wenn diese nicht gegeben sind?«

- »Was war ausschlaggebend für die Wahl Ihres Studienfaches (1. Teilfrage), wie was die Bewerbersituation in diesem Studiengang (2. Teilfrage) und wie schätzen Sie die zukünftige Entwicklung dieses Studienganges ein (3. Teilfrage)?«

Auswertung der Bewerberantworten auf mehrgliedrige Fragen:

Das Antwortverhalten auf mehrgliedrige Fragen kann direkt quantifiziert werden. Der Interviewer hält fest, auf wieviele Teilfragen der Bewerber antwortet. Abhängig vom Antwortverhalten kann der Interviewer z. B. folgende Punkte vergeben.

Bewertung der Antworten auf zweigliedrige Fragen:

1 = Bewerber beantwortet nur eine Teilfrage
2 = Bewerber fragt nach der zweiten Teilfrage
3 = Bewerber antwortet von sich aus auf beide Teilfragen
4 = Bewerber kommt auch nach Unterbrechungen durch den Interviewer von sich aus auf die Beantwortung der Teilfragen zurück

---

Bewertung der Antworten auf dreigliedrige Fragen:

1 = Bewerber antwortet nur auf eine Teilfrage
2 = Bewerber fragt nach der zweiten Teilfrage
3 = Bewerber antwortet von sich aus auf zwei Teilfragen
4 = Bewerber fragt nach der dritten Teilfrage
5 = Bewerber beantwortet von sich aus alle drei Teilfragen
6 = Bewerber kommt auch nach Unterbrechungen durch den Interviewer von sich aus auf die Beantwortung der Teilfragen zurück

---

7.7 Anwendung der beschriebenen Fragetechniken

Es ist natürlich nicht sinnvoll, ständig solche Fragen zu stellen. Ein paar dieser Fragen reichen meist aus, um einerseits dem Interviewer die Möglichkeit zu geben, das Ausmaß der sozialen Erwünschtheit der Antworten des Bewerbers abzuschätzen. Andererseits wird dem Bewerber damit auf der Beziehungsebene signalisiert, daß der Interviewer nicht bereit ist, sich mit Standardantworten zufriedenzugeben. Fragen in der oben beschriebenen Art sollten möglichst frühzeitig im Gespräch eingesetzt werden, um dem Bewerber sehr frühzeitig zu signalisieren, daß er einem kompetenten Interviewer gegenübersitzt. Nach meiner Erfahrung reichen wenige Fragen dieser Art dazu aus, den Bewerber zu überraschen und die Ebene zu definieren, auf der das Gespräch aus Sicht des Interviewers ablaufen soll.

8 Quantifizierbare Antworten

Das gängige Vorgehen bei der Auswertung eines Vorstellungsgespräches besteht darin, die Antworten des Bewerbers auf die im Bewerberinterview gestellten Fragen »intuitiv« und qualitativ, jedoch nicht in Form einer Zuordnung zu einer Zahl (Schulnote, Prozentwert, ...) zu bewerten. Es besteht jedoch auch bei einem Gespräch bis zu einem gewissen Grad die Möglichkeit, die Antworten des Bewerbers zu quantifizieren und somit über viele Bewerber hinweg vergleichbar zu machen. Bei aller Attraktivität, die die Quantifizierung der Antworten eines Bewerbers hat, darf man die Aussagekraft dieser quantifizierten Antworten natürlich nicht überbewerten, sie können aber in ein Gesamtverfahren eingebettet wertvolle Informationen liefern. Zudem besteht die Möglichkeit, die Effektivität dieser Quantifizierung unmittelbar zu prüfen, indem man Korrelationen zu späteren Erfolgsmaßen wie Leistungsbeurteilungen, Karrieremaßen etc. herstellen kann und so ein unmittelbares Validierungsinstrument im Sinne einer kontrollierten Praxis (z. B. Petermann 1996) zur Verfügung hat.

8.1 Vorgehen bei der Konstruktion von Fragen mit quantifizierbaren Antworten

Die Entwicklung eines quantitativ bewertbaren Fragensystems erfordert einige Vorbereitung und ist nicht ohne einen gewissen Grad an methodischem Aufwand realisierbar. Dieser Aufwand lohnt sich aus meiner Sicht jedoch aus den oben angeführten Gründen.

Zunächst benötigt man einen Satz von Fragen, die man subjektiv für relevant hält. Um die Quantifizierung von Antworten vornehmen zu können, ist es nötig, mehreren Bewerbern die identische Frage zu stellen. Die Antworten von mindestens zehn Bewerbern werden gesammelt und geordnet. Die nummerische Bewertung der Antworten erfolgt danach, wie »gut« die Antworten sind. Die »beste« Antwort bekommt die Zahl 5, die »schlechteste« Antwort die Zahl 1. Die dazwischenliegenden Antworten erhalten die Zahlen 2, 3 und 4. Um die Entscheidung zu treffen, welche Antworten »gut« und welche »schlecht« sind kann man unterschiedlich vorgehen:

a) Empirisches Vorgehen:
Die erste Art, dies festzustellen, ist rein empirischer Natur und erfordert einige Zeit des spekulativen Handelns. Man überprüft dabei rückwirkend anhand der späteren Erfolgsmaße, in welcher Richtung »erfolgreiche« Bewerber bestimmte Fragen beantworten. Dieses Vorgehen hat natürlich den Nachteil, daß man eine Versuchsphase hat, in der man die Quantifizierung noch nicht anwenden kann.

b) Reihung nach »Differenziertheit« und »Originalität«:

Die zweite Art, eine Unterteilung in »gute« und »schlechte« Antworten vorzunehmen, besteht darin, die Antworten anhand zweier Dimensionen zu ordnen. Eine sinnvolle Dimension ist dabei die »Differenziertheit« einer Antwort im Gegensatz zu der »Schemahaftigkeit« einer Antwort.

Beispiel für die Dimension »Differenziertheit der Antworten«:

Frage: »Was halten Sie von Konkurrenz am Arbeitsplatz?«

Antworten:
1 = »gar nichts/sehr viel
3 = »hängt von der jeweiligen Situation ab«
5 = Bewerber gibt Beispiele für positive und negative Auswirkungen

---

Beispiel für die Dimension »Differenziertheit«:

Frage: »Streben Sie eine Führungsposition an?«

Antworten:

1 = »Nein«
2 = »Ja« ohne Begründung
3 = »Ja« mit Begründung
4 = »Ja« mit guter Begründung
5 = »Ja« mit Begründung, Begründung hält auch Nachfragen stand

---

Eine zweite Dimension, nach der die Antworten des Bewerbers geordnet werden können, stellt in Anlehnung an ein von Rorschach (1921) in einem ganz anderen Zusammenhang entwickeltes psychodiagnostisches Schema die Dimension »Originalität« versus »Trivialität« der Antworten dar. Bei dieser Dimension kann man so vorgehen, daß man über verschiedene Bewerber hinweg die »Standardantworten« sammelt, diese Antworten sind dann die »Trivialantworten«. Von diesen Trivialantworten abweichende Antworten des Bewerbers erhalten Originalitätspunkte. Um die Originalität bzw. die Trivialität von Antworten abzuschätzen, können die Empfehlungen aus Bewerberhandbüchern sehr hilfreich sein. In Bewerberhandbüchern werden ja »gute Standardantworten« vorgestellt. Man kann als Interviewer nun diese Standardantworten als die Meßlatte für die Trivialität von Antworten nehmen und positive Abweichungen von diesen Standardantworten entsprechend als Originalität der Antworten bewerten.

Solche trivialen Standardantworten sind z. B.:

• »Was hat Sie bisher am stärksten frustriert?«
  Zu geringe Aufstiegsmöglichkeiten

- »Was ist wichtig für Ihre berufliche Zufriedenheit?«
  Anerkennung, Freiräume, Herausforderungen

- »Welche Bücher haben Sie in den letzten 12 Monaten gelesen?«
  Schauen Sie in die Bestsellerliste des »Spiegel.«

- »Was erwarten Sie von Ihrem künftigen Vorgesetzten?«
  Führung, Leitung, Lerneffekte

- »Was tun Sie lieber: zuhören oder selber reden?«
  Sie hören natürlich lieber zu.

- »Welche Eigenschaften an anderen Menschen stören Sie am meisten?«
  Unehrlichkeit, Unzufriedenheit

- »Wie muß die für Sie ideale Arbeit aussehen?«
  Selbständige, eigenverantwortliche Tätigkeiten, Entfaltungsmöglichkeiten, ko-operatives Verhältnis zu Vorgesetzten und Kollegen

- »Wie müßte Ihre ideale Arbeitsgruppe aussehen?«
  Die Arbeitsmoral aller Mitglieder ist sehr hoch, das Team nutzt die Stärken seiner Mitglieder, bei Problemen findet das Team selber eine Lösung

Sehr häufig treten Trivialantworten auch bei der Frage nach dem Grund eines Stellenwechsels auf. Als Begründung für einen Wechsel werden sehr oft die Standardfloskeln benutzt:

- »Ich will mich weiterentwickeln«

- »Ich will in der Entwicklung nicht stehenbleiben«

- »Ich will mich in neue Gebiete einarbeiten«

- »Ich brauche den permanenten Wechsel«

- »Ich suche immer neue Herausforderungen«

Antwortet der Bewerber auf die jeweilige Frage mit der Antwort, die in Bewerberhandbüchern als Standardantwort empfohlen wird, so erhält er die Quantifizierung »0«, kommen vom Bewerber hierzu abweichende Antworten, so erhält er die Quantifizierung »1«. Aus mehreren dieser Fragen kann dann als Durchschnitt ein »Originalitätswert« der Antworten errechnet werden.

Die Autoren von Bewerberratgebern leisten hier wertvolle Arbeit für professionelle Interviewer, indem sie Meßlatten für die »Trivialität« und die »Langweiligkeit« der Bewerberantworten erzeugen und somit einen wesentlichen Beitrag zur Quantifizierbarkeit des Interviews liefern.

Das Vorgehen bei der Generierung quantifizierbarer Antworten ist natürlich itera-
tiv, lassen sich keine eindeutig »guten« und »schlechten« Antworten identifizieren, müssen unter Umständen die Fragen neu formunliert werden oder ganz neu
Fragen gerneriert werden.

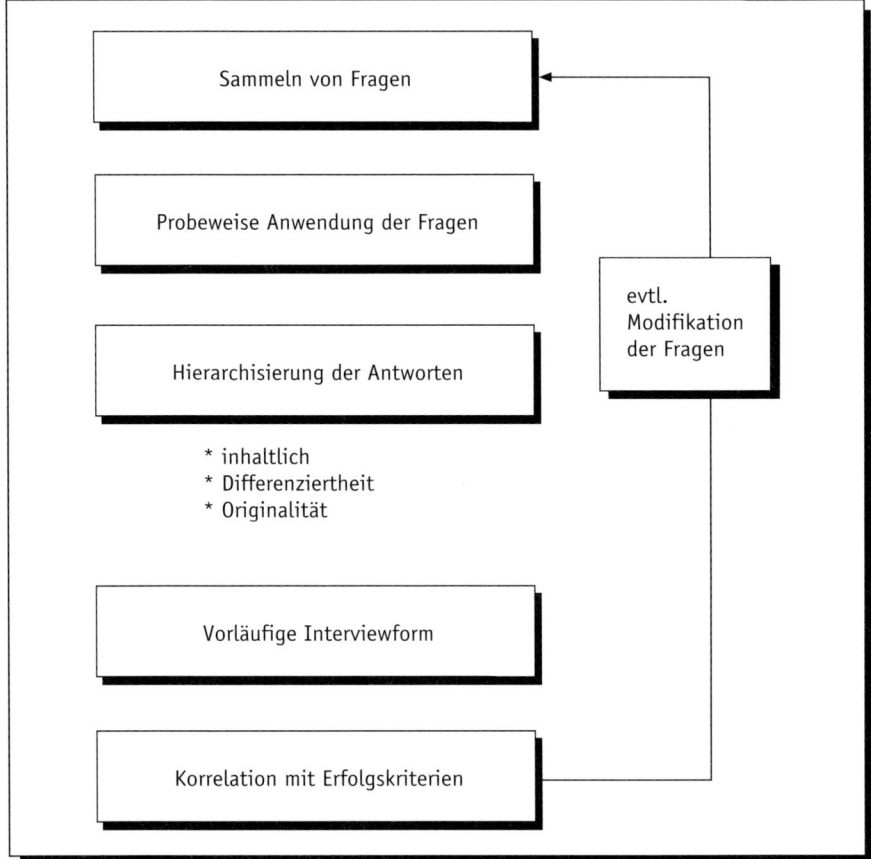

Abb. 26: Iteratives Vorgehen bei der Generierung quantifizierbarer Antworten

8.2 Interviewerverhalten bei dem Stellen von Fragen mit quantifizierbaren Antworten

Wenn man mit Fragen arbeitet, die zu quantifizierbaren Antworten führen sollen,
ist es nötig, daß dieser Teil des Interviews in einer standardisierten, d. h., bei jedem
Bewerber gleichbleibenden Form durchgeführt wird. Die Fragen werden dabei »ein-
direktional« gestellt, d. h., es findet in dieser Phase des Interviews keine weiter-
gehende Interaktion zwischen Interviewer und Bewerber statt. Der Interviewer

stellt dabei lediglich die Fragen, der Bewerber antwortet. Der Interviewer nimmt die Antworten des Bewerbers auf und hinterfragt sie nicht weiter, er versucht auch, dem Bewerber keine versteckten Hinweise darauf zu geben, welche Antworten gut oder weniger gut sind. Erst in der nächsten Phase des Interviews kann er dann die jeweiligen Antworten näher hinterfragen.

Der Gesprächsplan

Neben der entsprechenden Fragetechnik ist es wichtig, daß der Interviewer einen Gesprächsplan hat. Einerseits deshalb, weil ihm durch die Natur des Bewerbungsgespräches die Rolle der Gesprächs-»führung« zukommt, d. h., der Interviewer steuert den Fortgang und die Inhalte des Gespräches. Der Bewerber wird in aller Regel dieses ungeschriebene Gesetz des Bewerbungsgespräches genau einhalten. Versucht dagegen der Bewerber, die Gesprächssteuerung zu übernehmen, was in sehr seltenen Fällen vorkommen kann, so ist es für den Interviewer noch wichtiger, einen Leitfaden zu haben, auf den er das Gespräch immer wieder zurückführen kann. Darüber hinaus ist es im Sinne einer Standardisierung wichtig, die Gesprächsinhalte konstant zu halten, um die Reaktionen und Antworten der Bewerber auf die Fragen miteinander vergleichen zu können. Die Standardisierung und Vergleichbarmachung ist ein zentrales Mittel zur Erhöhung der Validität des Interviews. Der nachfolgende Gesprächsplan stellt ein erprobtes Ablaufschema dar, die Überlegungen, die zu der jeweiligen Abfolge der Schritte geführt haben, sind jeweils beschrieben. An einigen Stellen erfolgen Verweise auf die Art der Fragestellungen. Wie im Kapitel 1 dargestellt, kann die Validität eines Interviews mit der Anforderungsbezogenheit erhöht werden. Der hier dargestellte Gesprächsplan stellt daher ein Grundgerüst dar, das in fast allen Fällen verwendet werden kann, er enthält allgemeine Themen, die bei jedem Vorstellungsgespräch von Relevanz sind. Die Palette der Themen muß jedoch um die speziellen Anforderungen der Stelle ergänzt werden (vergl. Abschnitt 9.10).

9.1 Begrüßung

In der Regel hat der Bewerber schon im Vorfeld telefonischen oder schriftlichen Kontakt zu dem Vertreter der Personalabteilung gehabt. Die offizielle Begrüßung erfolgt in der Regel auch in der Personalabteilung. Der Interviewer sollte sich mit seinem Namen und seiner Funktion im Betrieb vorstellen.

9.2 Den Bewerber zum Sprechen bringen

Es ist aus meiner Sicht ungeheuer wichtig, den Bewerber sehr frühzeitig zum Sprechen zu bringen. Die Erfahrung zeigt, daß besonders in unbekannten Situationen und in Gruppensituationen folgender Effekt auftritt: Das Ausmaß, in dem sich Teilnehmer in den ersten Minuten äußern, korreliert sehr hoch mit dem Ausmaß, in dem sich Teilnehmer während des ganzen Gespräches äußern. Da es im Vorstellungsgespräch darauf ankommt, möglichst viel vom Bewerber zu erfahren, sehe ich es als unumgänglich an, ihn frühzeitig zum Sprechen zu bringen. Gelegentlich wird die Meinung vertreten, daß die anfängliche Konversation dazu dienen soll, eine entspannte Atmosphäre zu schaffen und in das eigentliche Gespräch überzuleiten.

Diese Funktionen hat die Konversation am Anfang natürlich auch, ich würde sie aber deutlich geringer einschätzen, als den Effekt, den Bewerber einfach zum Sprechen zu bringen. Eine Konversation kann man auch führen, wenn man die jeweiligen Gesprächsanteile dabei gleich verteilt oder der Interviewer den größeren Anteil hat. In dieser Gesprächsphase kommt es jedoch sehr darauf an, den Redeanteil des Bewerbers möglichst groß zu halten. Der allgemeine Grundsatz, daß der Bewerber den Hauptanteil der Redezeit haben sollte, gilt in dieser Phase in noch besonderem Maße. Es gilt die Regel: Je später und je weniger der Bewerber in dieser Phase redet, desto schwieriger wird sehr wahrscheinlich das weitere Gespräch werden. Diese Phase hat also noch nicht die Funktion, spezifische Informationen über den Bewerber zu erhalten. Unter dem Aspekt der Informationsgewinnung (Sachaspekt, vergl. Kap. 2) ist diese Phase absolut unnötig. Sie ist jedoch extrem relevant für die Beziehungsebene, weshalb sie nur bei sehr vordergründiger Betrachtungsweise anscheinend vergeudete Zeit darstellt. Von den Gesprächstechniken eignen sich natürlich die im Kapitel 4 beschriebenen Techniken in dieser Gesprächsphase besonders.

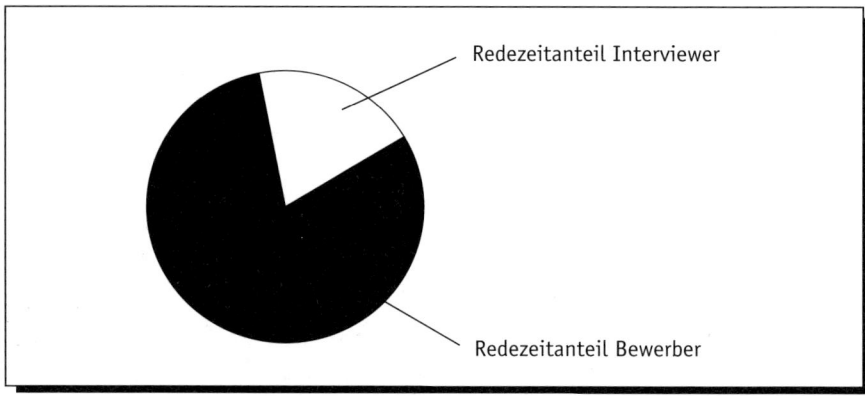

Abb. 27: Verteilung der Anteile an der Redezeit in der Konversationsphase

Über was man den Bewerber sprechen läßt, ist nahezu völlig egal. Es bieten sich z. B. folgende Themen an:

Themen zur »Konversation«:

- Die Anreise (Straßenverhältnisse, Reisezeit, Brauchbarkeit der Anreiseskizze, ...)
- Eventuelle Gemeinsamkeiten (Herkunft, Studienfach, ...)
- zur Not auch das Wetter

9.3 Ablauf des Gespräches erklären

Nach der Phase der Konversation erfolgt sinnvollerweise eine Information an den Bewerber, wie sich der weitere Ablauf des Vorstellungsgespräches gestaltet. Dazu bietet sich ein graphisches Ablaufschema als Unterlage an, die man gemeinsam mit dem Bewerber durchgehen kann. Sollten im Verlauf des Gespräches noch weitere Unternehmensvertreter hinzukommen, so sollte hierauf auch verwiesen werden.

9.4 Lebenslauf

Der Lebenslauf liegt in aller Regel ja in schriftlicher Form vor. Die Fakten brauchen daher nicht im Gespräch noch einmal erörtert zu werden. Die Abklärung auf der Ebene der Fakten kann sich auf eventuelle Punkte konzentrieren, die sich nicht eindeutig aus den Unterlagen ergeben. Diese inhaltlichen Fragen zum Lebenslauf sollten bereits im Zuge der Analyse der Unterlagen vorbereitet sein. Weitere Fragen zum Lebenslauf sollten in Form von Prozeßfragen (vergl. Abschnitt 6.3) gestellt werden. Die Stationen des Lebenslaufs sind End- und Eckpunkte von Entwicklungen. Im Interview kann man zusätzliche Informationen gewinnen, indem man die Prozesse und Entwicklungen erfragt, die zu den jeweiligen im Lebenslauf beschriebenen End- und Eckpunkten geführt haben.

9.5 Die ideale Arbeit

Der Bewerber hat in der Regel im Vorfeld des Bewerbungsgespräches nur sehr wenig Informationen über das Unternehmen und über den speziellen zu besetzenden Arbeitsplatz. Die Beschreibung des Arbeitsplatzes in einem Inserat besteht meist aus wenigen Sätzen oder Schlagworten. Diese Tatsache kann man sich zunutze machen, indem man versucht zu erfahren, wie sich der Bewerber die für ihn idealen Arbeitsinhalte und Arbeitsbedingungen vorstellt. Aus der Beantwortung dieser Fragen zu den für ihn idealen Arbeitsbedingungen und Arbeitsinhalten kann man zwei Arten von Informationen gewinnen. Erstens kann man sehr deutlich sehen, in welchem Ausmaß ein Bewerber überhaupt differenzierte Vorstellungen über Arbeitsinhalte und Arbeitsbedingungen hat. Je differenzierter die Vorstellungen darüber sind, desto sicherer kann man sein, daß der Bewerber seinerseits eine für ihn sichere Entscheidung treffen kann. Es ist immer wieder erstaunlich, wie wenig konkrete Vorstellungen Bewerber (insbesondere auch Hochschulabgänger) von einer Tätigkeit haben. In dieser Phase sollte der Interviewer versuchen abzuschätzen, wie konkret und differenziert die Vorstellungen des Bewerbers sind. Sind seine Vorstellungen bezüglich idealem Arbeitsinhalt und idealen Arbeitsbedingungen nur sehr diffus, so besteht die Gefahr, daß der Bewerber von sich aus relativ früh wieder kündigt. Für viele Bewerber scheint die Maxime zu gelten: »Ein sicherer Job in einer renommierten Firma zu guten Vertragskonditionen, der grob in Richtung des Studienganges liegt, ist immer gut«. Natürlich kann die Einstellung eines Bewerbers mit sehr diffusen Vorstellungen auch zu einem erfolgreichen Arbeitsverhältnis führen, jedoch ist das Risiko, das der Arbeitgeber mit einem solchen Bewerber (und auch der Bewerber mit dem Unternehmen) eingeht natürlich größer, als beim Vorliegen differenzierter Vorstellungen.

Zweitens kann man die Idealvorstellungen, die der Bewerber von den Arbeitsinhalten und den Arbeitsbedingungen hat, mit denen vergleichen, die im Unternehmen tatsächlich vorherrschen und daraus abschätzen, wie gut der Bewerber in die Firma »paßt«. Wichtig hierbei ist es, daß die Vorstellungen des Bewerbers sehr genau und konkret erfaßt werden und sich der Interviewer nicht mit Antworten wie »Ein gutes Arbeitsklima ist mir wichtig« zufrieden gibt (vergl. Kap. 5).

An dieser Stelle ist es wichtig zu betonen, daß bis zu diesem Zeitpunkt dem Bewerber noch keine detaillierteren Informationen zu den tatsächlichen Tätigkeitsinhalten oder den Arbeitsbedingungen gegeben werden. Gibt man dem Bewerber Informationen zu diesen Themen und fragt ihn dann, ob ihn z. B. die genannten Arbeitsthemen interessieren, oder ob er spezifische Kenntnisse auf diesen Gebieten hat, so wird der Bewerber fast immer antworten, die geforderten Aufgabengebiete interessieren ihn und entsprechen genau seinen Vorstellungen von der idealen Tätigkeit. Wenn die Vorauswahl einigermaßen korrekt war, wird er auch angeben, spezielle Kenntnisse auf dem jeweiligen Gebiet zu besitzen, auch wenn er nur ein Seminar zu diesem Thema am Rande des Studiums besucht hat. Er wird dies sehr wahrscheinlich auch dann tun, wenn er sieht, daß der Job nicht seiner Idealvorstellung entspricht. Diese Reaktion des Bewerbers ist aus seiner Sicht nur logisch und rational. Er wird versuchen, diesen Job auf jeden Fall zu bekommen und parallel dazu weitersuchen, mit dem Ziel, eine passendere Tätigkeit zu finden. Die Strategie des Bewerbers lautet. »Lieber den Spatz in der Hand als die Taube auf dem Dach«. Ich selber habe es bisher nur zweimal erlebt, daß ein Bewerber von sich aus im Gespräch die Arbeitsbedingungen und Arbeitsinhalte als für ihn nicht passend erklärt hat (beidemal waren es Bewerber mit Berufserfahrung). Daher sollte man in dieser Phase und auch bis zur Phase 11 des Gesprächsplanes dem Bewerber keinerlei näheren Informationen (auch keine versteckten Hinweise) zu der Stelle geben. Hat man dem Bewerber schon vorher entsprechende Informationen gegeben und fragt ihn dann, ob dies sich mit seinen Vorstellungen deckt, geht der Informationsgehalt seiner Antworten gegen Null.

Man kann dem Bewerber zu den Arbeitsbedingungen und den Arbeitsinhalten jeweils die Fragen stellen: »Was muß auf jeden Fall gegeben sein?« und »Was darf auf keinen Fall gegeben sein?« Bei der Beschreibung der wichtigen Inhalte und Bedingungen der Arbeit sollten vom Bewerber möglichst viele Punkte genannt werden.

Dazu ist es günstig, die im Abschnitt 5.2 beschriebene Technik (Aufzählungen verlangen) zu verwenden.

9.6 Was weiß der Bewerber über das Unternehmen?

Dieser Fragenkomplex hat einen ähnlichen Hintergrund wie die vorherige Frage. Natürlich kann es sein, daß ein Bewerber nur sehr wenig über ein Unternehmen weiß, aber trotzdem die entsprechende Stelle sehr gut ausfüllen kann. Man kann mit dieser Frage allerdings wiederum sehen, wie sicher der Bewerber seine Entscheidung treffen kann, in das Unternehmen einzutreten. Für spezielle Tätigkeiten wie z. B. den Vertrieb oder die Entwicklung ist die Kenntnis des Produktes, der Marktsituation des Unternehmens etc. von größerer Bedeutung als z. B. für den kaufmännischen Bereich oder den DV – Bereich. Für Bewerber, die aus der Region kommen, in der sich das Unternehmen befindet, stellt diese Frage eine Differenzierungsmöglichkeit dar. Um in diesem Fall keine Informationen über zumindest größere Unternehmen zu haben, bedarf es schon einer gewissen Informationsabschottung. Diese Frage stellt auch einen eleganten Übergang zu dem nächsten Themenkomplex dar.

9.7 Problemlösen

Kreativ tätig sein heißt Probleme zu lösen. Daher sind Fragen nach dem Problemlöseverhalten für jede anspruchsvolle Stelle relevant. Der Bewerber soll dabei möglichst konkret vergangene Problemlösungen beschreiben. Für den Hochschulabsolvent ist z. B. ein Problem, die Prüfungen zu schaffen oder eine Stelle zu finden, man kann sich daher z. B. beschreiben lassen, wie der Bewerber bei der Stellensuche vorgegangen ist oder wie er sein Studium organisiert hat. Wichtig dabei ist es, differenziert nachzufragen (vergl. Kap. 5).

9.8 Verhalten bei Streß/Belastungen

Es ist wichtig zu wissen, welche Situationen der Bewerber als für ihn streßreich und belastend empfindet. Aus der Kenntnis dieser Situationen heraus kann man im Vergleich mit den bekannten Belastungen an der entsprechenden Stelle versuchen, abzuschätzen wie belastend sich die konkrete Arbeitssituation für den Bewerber darstellen wird. Dies ist deshalb zentral, da einerseits die Arbeitsleistung unter Streß nachläßt und da andererseits anhaltender Streß zu gesundheitlichen Beeinträchtigungen führen kann. Dabei ist zu bedenken, daß auch eine Unterforderung eine Belastung sein kann. Der Zusammenhang zwischen Gefordertsein und Verhaltenseffizienz ist im unten stehenden Diagramm dargestellt. Im Gespräch sollte versucht werden, abzuschätzen, an welchem Punkt der X – Achse sich der Bewerber wohl befindet, wenn er die entsprechende Stelle inne hat. Um dies auch einigermaßen valide abschätzen zu können, ist es unbedingt nötig, sich die für den Bewerber belastenden Situationen sehr konkret schildern zu lassen und viele derartige Situationen abzufragen und sich nicht mit der Beschreibung einer Situation zufrieden zu geben.

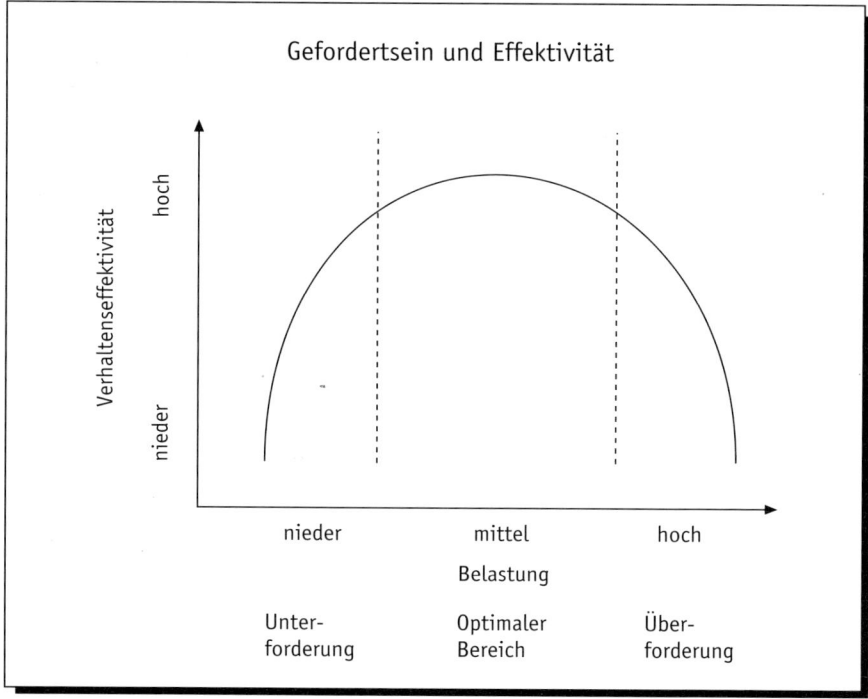

Abb. 28: Zusammenhang zwischen Belastung und Verhaltenseffektivität

Natürlich ist es auch hier wiederum wichtig, dem Bewerber in dieser Phase noch keine Hinweise darauf zu geben, welche tatsächlichen Belastungen an der entsprechenden Stelle auftreten.

Hat der Teilnehmer einige für ihn belastende Situationen geschildert, kann man ihn nach seinen Strategien fragen, mit diesen belastenden Situationen umzugehen. Wichtig dabei ist, daß sich der Interviewer nicht mit Allgemeinplätzen abspeisen läßt wie z. B. »damit muß man umgehen«, »man muß lernen, damit zu leben« etc.

9.9 Selbsteinschätzung

Die Frage nach der Selbsteinschätzung des Bewerbers im Rahmen des Vorstellungsgespräches kann kontrovers diskutiert werden. Für das Stellen dieser Frage spricht,
daß sich der Bewerber natürlich selber am besten kennt und daher der beste zur
Verfügung stehende Experte für die Einschätzung ist. Die jeweilige Selbsteinschätzung ist in jedem Falle unmittelbar handlungsleitend, egal, ob sie »objektiv« richtig
oder falsch ist. Auch aus diesem Grund ist es sinnvoll, die Selbsteinschätzung des
Bewerbers abzufragen. Schwierig an der Frage nach der Selbsteinschätzung ist dagegen die Tatsache, daß hier Effekte der Selbstdarstellung (bei der Frage nach den
Stärken), der sozialen Erwünschtheit und der Selbstverbergung (bei der Frage nach
den Schwächen) besonders stark in Erscheinung treten (vergl. Kap. 2 und Kap. 3).
Daher ist es natürlich nicht sinnvoll, die vom Bewerber genannten Stärken und
Schwächen unhinterfragt einfach als Fakt hinzunehmen. Es wäre vom Interviewer
natürlich naiv, die Antworten des Bewerbers unüberprüft für bare Münze zu nehmen.

Was kann man mit dieser Frage auf jeden Fall erfahren?

Die Frage nach den Stärken und Schwächen wird in jedem Bewerberhandbuch ab-
gehandelt. So empfiehlt z. B. Yate (1990): »Geben Sie eine allgemein gehaltene
Antwort, die Ihre Schwäche in eine positive Eigenschaft verwandelt, z. B.: Ich liebe
meine Arbeit, und gebe mir bei jedem Projekt größte Mühe. Wenn ich daher manchmal nicht das Gefühl habe, daß die anderen ihren Teil beisteuern, finde ich das etwas
frustrierend und versuche, sie in solchen Situationen durch eine positive Einstellung zu überwinden, die hoffentlich wirkt«.

Coelius (1998) schreibt: »Als man einer Bewerberin diese Frage (nach den Schwächen) stellte, antwortete sie »Ich werde leicht ungeduldig, wenn etwas nicht so
schnell vorangeht, wie es eigentlich könnte«. Hiermit gab sie zwar eine Schwäche
zu, gleichzeitig stellte sie sich aber als eine Kandidatin vor, die motiviert ist, und
etwas bewegen und vorantreiben möchte.«

Hesse und Schrader (1998) empfehlen: »Während man bei den Erfolgsberichten
etwas großzügiger sein darf – insbesondere bei der Teamleistung gilt es, bei den
Misserfolgen, eher bei sich selbst zu bleiben (Ich . . .), ohne jedoch wirklich gravie-
rende, irreparable Schäden anzurichten« und: »Heben Sie an dieser Stelle – bei der
Frage, was gegen Sie als Bewerber spricht – eher noch einmal hervor, was für Sie
spricht und bieten Sie nach theatralischem – wohlkalkuliertem Zögern einen, maximal zwei Punkte an, die aber nicht wirklich überzeugend gegen Sie sprechen.«

Ganz abgesehen davon, ob der Bewerber dieses Verhalten in einem Inverview produzieren kann und ob es überhaupt sinnvoll ist, dieser Art von Ratschlägen zu
folgen, muß man als Interviewer wohl damit rechnen, daß der Interviewte sich mehr

oder weniger versucht, an solchen »gut gemeinten« Ratschlägen zu orientieren und diese mehr oder weniger gut in der Situation auch zu realisieren versucht.

Tatsächlich ist die Tendenz der Bewerber sehr groß, hier allgemein zu antworten und Schwächen als Stärken zu verkaufen. Typische Floskeln hierzu sind z. B.:

- »Ich bin manchmal etwas zu genau«
- »Ich verbeiße mich zu sehr in die Arbeit«
- »Ich kann es nicht leiden, wenn andere nicht so fleißig sind wie ich«
- »Ich erwarte, daß die anderen ihre Arbeit auch so gewissenhaft verrichten, obwohl nicht alle dazu fähig sind«
- etc.

Wenn solche oder ähnliche Antworten gegeben werden, ist es wichtig, konkret zu werden und intensiv nachzufragen (vergl. Kap. 5). Diese Antworten kann man zu einer Abschätzung der Originalität bzw. Langweiligkeit des Bewerbers verwenden (vergl. Kap. 8.1).

Man kann mit diesen Fragen zumindest die Gruppe von Bewerbern identifizieren, die sich überhaupt nicht auf das Gespräch vorbereitet haben. Weiter kann man sehen, wie differenziert das Selbstbild des Bewerbers von sich selber ist z. B. gibt es tatsächlich Bewerber, die von sich behaupten, keine Schwächen zu haben. Diese Frage mit ihrer scheinbaren Trivialität eignet sich in besonderem Maße dazu, die (meist angelernten) Antworten auf die Einstiegsfrage mit den Antworten auf die Nachfragen zu vergleichen.

Aus der Assessment-Center-Forschung ist bekannt, daß erfolgreiche AC-Teilnehmer eine differenziertere Selbstwahrnehmung haben als weniger erfolgreiche AC-Teilnehmer. Daher ist es sinnvoll, auch im Vorstellungsgespräch die Differenziertheit des Selbstbildes des Bewerbers abzuschätzen.

Zur konkreten Fragetechnik sind hier besonders zirkuläre und projektive Fragen geeignet (vergl. Kap. 7). Nennt ein Bewerber eine als Schwäche verpackte Stärke, so sollte dies vom Interviewer als eine Nichtbeantwortung der Frage kommentiert werden und die Frage nach den Schwächen wiederholt werden. Auf der Beziehungsebene wird dem Bewerber damit mitgeteilt, daß der Interviewer sich nicht mit Scheinantworten abspeisen läßt.

9.10 Spezielle Anforderungen

Wie in Kap. 1 dargestellt, ist es für die Validität des Interviews sehr wichtig, spezielle Anforderungen der zu besetzenden Stelle möglichst differenziert zu erfassen.

Nach den bisher besprochenen allgemeingültigen Themengebieten, die für fast alle Vorstellungsgespräche als geeignet gelten können, sollten nun die Fragen zu den speziellen Anforderungen der Stelle gestellt werden. In diesem Abschnitt wird ein Verfahren vorgestellt, mit dessen Hilfe man sich über die speziellen Anforderungen der jeweiligen Stelle klarer werden kann.

Dieses Vorgehen zur Erhebung spezieller Anforderungen kann nun aus verschiedenen Perspektiven heraus erfolgen. Die Stelle kann »von oben«, d. h., aus der Sicht des Vorgesetzten betrachtet werden, dies wird in der Regel die Perspektive sein, aus der die Anforderungen der Stelle betrachtet werden. Ergänzend dazu kann man die Anforderungen jedoch auch noch aus dem Blickwinkel eines »Kunden« betrachten. Ein »Kunde« braucht dabei nicht unbedingt ein Kunde im üblichen Sinne zu sein. Allgemein sind damit interne oder externe Personen gemeint, mit denen der Stelleninhaber zu tun hat. Die Anforderungen an die Stelle kann auch »von unten«, d. h., aus der Sichtweise der unterstellten Mitarbeiter betrachtet werden, sofern dies bei der zu besetzenden Stelle der Fall ist. Schließlich kann man, wie schon erwähnt, wertvolle Informationen zu den Anforderungen vom bisherigen Stelleninhaber selbst erhalten, wenn es sich um eine Wiederbesetzung handelt.

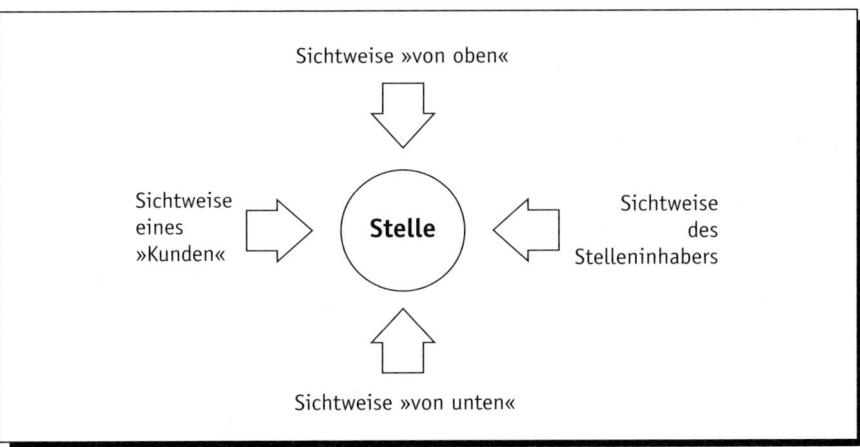

Abb. 29: »Rundumbetrachung« der Anforderungen einer Stelle

Da sich die Anforderungen an eine Stelle in der Regel mit der Zeit ändern, kann auch eine zweifache Erfassung der Anforderungen sinnvoll sein. Man kann sich dabei fragen, wie die Anforderungen heute sein und wie sie in Zukunft sein werden. Die Einschätzung der zukünftigen Anforderungen kann wiederum aus den beschriebenen Perspektiven betrachtet werden.

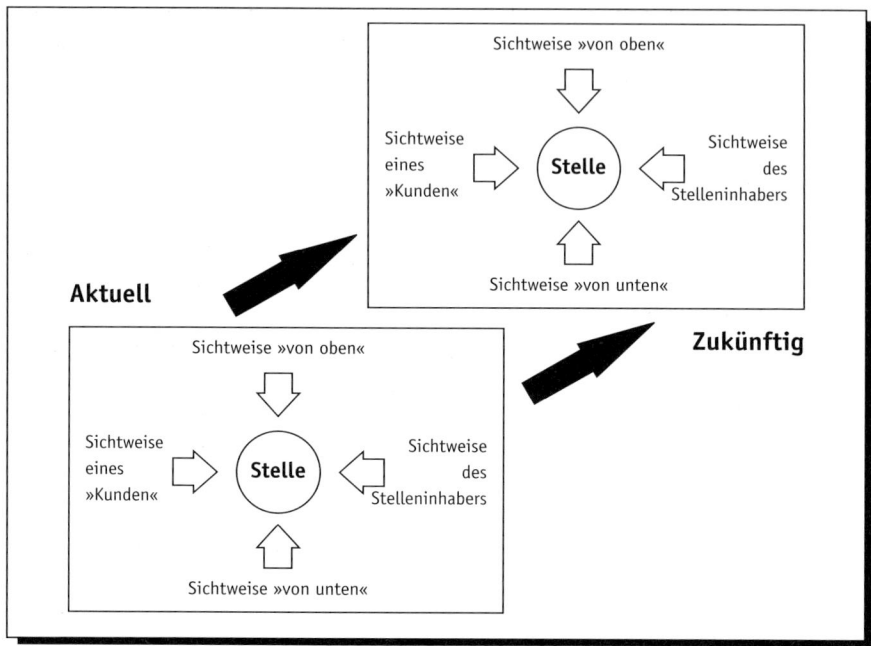

Abb. 30: »Berücksichtigung zukünftiger Anforderungen

9.10.1. Charakteristische Situationen sammeln

Fragen Sie sich, welche Ereignisse an der zu besetzenden Stelle im letzten Jahr zentral waren, welche besonderen Probleme an dieser Stelle zu lösen waren, mit welchen besonders kniffligen Situationen der Stelleninhaber im letzten Jahr konfrontiert war. Dies geht natürlich nur, wenn es sich um die Wiederbesetzung einer Stelle handelt. Wird eine neue Stelle geschaffen, so kann man sich fragen, welche besonderen Probleme und welche besonders knifflige Situationen wohl auftreten werden, oder man kann die Gegebenheiten einer ähnlichen vorhandenen Stelle analysieren. Bei dieser Sammlung von charakteristischen Situationen ist darauf zu achten, daß sie möglichst detailliert beschrieben werden. Diese Sammlung von Situationen sollte keine fachlich – technischen Probleme beinhalten, sondern Probleme in der Zusammenarbeit, der Organisation, etc.

9.10.2 Verhalten in diesen Situationen

Sammeln Sie zu jeder der oben beschriebenen Situationen, wie sich ein erfolgreicher und ein weniger erfolgreicher Stelleninhaber in der jeweiligen Situation verhält. Wenn es sich um eine Wiederbesetzung handelt, kann man sich das Verhalten des Stelleninhabers in Erinnerung rufen und dieses bewerten. Wenn es sich um eine neu zu besetzende Stelle handelt, kann man sich verschiedene prinzipiell mögliche

Handlungsalternativen ausdenken und diese bewerten. Als Alternative kann man auch Stelleninhaber oder Vorgesetzte bitten, einige Tage lang relevante Situationen aus dem Tagesgeschäft zu protokollieren und daraus die typischen Situationen abzuleiten.

9.10.3 Quellen der Frustration

Fragen Sie sich als nächstes, welche »Quellen der Frustration« die zu besetzende Stelle beinhaltet. Solche Frustrationsquellen gibt es an jeder Stelle. Im Vorstellungsgespräch ist das Unternehmen natürlich daran interessiert, das Positive der Stelle gegenüber dem Bewerber darzustellen, die negativen Punkte kommen dagegen (ähnlich wie bei der Selbstdarstellung des Bewerbers) häufig zu kurz, obwohl häufig gerade hier zentrale Charakteristiken der Tätigkeit erkennbar sind. Meines Erachtens ist es sehr wichtig zu wissen, wie der Bewerber mit den Nachteilen, Schwierigkeiten und den Frustrationen der Stelle umgeht. Daß sich der Bewerber mit den positiven Aspekten der Tätigkeit wohlfühlt, ist trivial. Bei der Erhebung dieser (frustrierenden) Anforderungen hat der Personalbereich in der Regel die Schwierigkeit, daß die Fachabteilungen auch gegenüber dem Personalbereich bestrebt sind, die Vorteile der Stelle und des Arbeitsklimas zu betonen. Aus meiner Erfahrung erhält man diesbezüglich sehr brauchbare Informationen, wenn man die bisherigen Stelleninhaber interviewt. Sie kennen natürlich die betreffende Stelle am besten und haben meist wenig Tendenzen, die Stelle in einem besonders positiven oder negativen Licht erscheinen zu lassen, da sie zu diesem Zeitpunkt in der Regel bereits eine andere interne oder externe Stelle haben. Der Nachteil besteht darin, daß der Bewerber natürlich nicht die eventuell beabsichtigten Veränderungen bei der Neubesetzung der Stelle kennt.

9.10.4 Umsetzung im Gespräch

a) Charakteristische Situationen:

Im Gespräch kann man dem Bewerber die entsprechenden charakteristischen Situationen der Stelle schildern und ihn bitten, möglichst genau zu beschreiben, wie er sich in diesen jeweiligen Situationen verhalten würde. Man kann dabei sehen, ob der Bewerber überhaupt mit solchen Situationen vertraut ist, oder ob sie ihm völlig neu sind, und man kann dann das beabsichtigte Verhalten mit den vorher bewerteten Verhaltensweisen, die ein guter bzw. ein schlechter Stelleninhaber aufweisen würde, vergleichen.

Bei den Fragen ist zu beachten:

- Sie müssen so formuliert sein, daß sie prinzipiell von jedem Bewerber auch ohne spezifische Fach- und Branchenkenntnisse zu beantworten sind
- Sie dürfen keinen Hinweis auf die gewünschte Antwort enthalten
- Der Abschluß der Frage lautet: Was würden Sie tun?

b) Quellen der Frustration:

Um diesen Bereich zu explorieren, empfiehlt es sich, zunächst allgemein nach Situationen zu fragen, in denen der Bewerber sich unter Streß fühlt, nervös wird, sich in die Enge getrieben fühlt. Danach kann man fragen, welche Erfahrungen er mit den verschiedenen Belastungen hat, die sich in der Analyse als Quellen der Frustration für die zu besetzende Stelle erwiesen haben. Dabei ist natürlich besonders wichtig, daß genau nachgefragt wird.

Bereiche, in denen spezielle Anforderungen liegen können:

Auftreten
Einfühlungsvermögen
Taktisch geschicktes Vorgehen
Absicherung von Entscheidungen
Administration und Organisation
Eigeninitiative
Belastbarkeit
Ausdauer, Hartnäckigkeit
Verkaufsgeschick, Überzeugung
Flexibilität, Umstellungsfähigkeit
Lernbereitschaft
Problemanalyse
etc.

9.11 Informationen zur Stelle

Erst wenn die vorhergehenden Themengebiete behandelt wurden, ist es an der Zeit, dem Bewerber detaillierte Informationen zur zu besetzenden Stelle zu geben. Die Informationen sollten dabei so umfassend sein, daß sich der Bewerber ein konkretes und plastisches Bild von der Tätigkeit machen kann. Nachdem in der ersten Phase des Gespräches sich das Unternehmen ein Bild von dem Bewerber gemacht hat, ist es nun an dem Bewerber, den Spieß umzudrehen und Fragen zu der Tätigkeit und den Arbeitsbedingungen und den Vertragskonditionen zu stellen.

Aus purem Eigeninteresse sollten die Unternehmensvertreter dabei möglichst ehrlich sein und auch die schwierigen Bedingungen und die Quellen der Frustration, die diese Stelle beinhaltet, offen zur Sprache bringen. In der Regel wird der Bewerber, insbesondere wenn es sich um einen Berufsanfänger handelt, nur wenige »kritische« Fragen an das Unternehmen stellen, einerseits deshalb, weil er eventuell gar nicht weiß, wo die Probleme in der Berufspraxis liegen können, andererseits deshalb, weil er beim derzeitigen Arbeitsmarkt als Bewerber meist in der schwächeren Position ist. Wenn sich nun das Unternehmen diesen Umstand zunutze macht und gleichzeitig versucht, die zu besetzende Stelle in einem übermäßig guten Licht darzustellen, so kann man damit sicherlich kurzfristig qualifizierte Bewerber akquirieren, seitens des Bewerbers wird sich jedoch wahrscheinlich schnell Enttäuschung breit machen, wenn er die tatsächlichen Arbeitsbedingungen und Arbeitsinhalte erkennt. Daher halte ich es in dieser Phase für absolut zwingend notwendig, dem Bewerber auch die Knackpunkte und die Schwierigkeiten darzulegen, mit denen er an dieser Stelle zu rechnen hat. Wichtig dabei ist aber, daß diese Information erst erfolgt, wenn man genügend Informationen über den Bewerber gesammelt hat. Aus meiner Sicht ist folgende Abfolge zwingend notwendig:

1. Gesprächsteil: Informationen über den Bewerber sammeln	2. Gesprächsteil: Informationen zur Stelle geben

Abb. 31: Abfolge der Themenkomplexe

In der elften Phase des Gesprächs sollten dem Bewerber mindestens zu folgenden Eigenheiten der Stelle Informationen gegeben werden:

Informationen über das Unternehmen, die für den Bewerber interessant sind:

Zum Unternehmen:

- Mitarbeiterzahl
- Standorte
- Umsatz
- Investitionen
- Ertragslage
- Organisationsform
- etc.

Zu den Produkten:

- Produktpalette
- Marktanteile
- Hauptkunden
- Hauptanwendungen
- neue Entwicklungen

Zur Stelle:

- Hauptaufgaben
- Fachliche Anforderungen
- Persönliche Anforderungen

- Faktoren für den Stellenerfolg
- besonders motivierende Aspekte
- Schwierigkeiten, Quellen der Frustration
- Organisatorische Einbildung
- Zusammenarbeit innerhalb der Organisationseinheit
- Zusammenarbeit mit anderen internen Organisationseinheiten
- Zusammenarbeit mit externen Stellen
- Befugnisse, Kompetenzen
- Vorgesetzte, Kollegen, Mitarbeiter
- Einarbeitungsmodalitäten
- Vertragsmodalitäten

9.12 Dem Bewerber Gelegenheit zum Fragen geben

Nachdem dem Bewerber vom Unternehmen Informationen gegeben wurden, sollte man zum Schluß des Gespräches dem Bewerber Gelegenheit geben, Fragen zu den aus seiner Sicht noch offenen Punkten zu stellen. In der Regel wird dies vor allem die Frage sein, wie es nun weitergeht.

9.13 Abschluß des Gespräches

Wenn der Bewerber von sich aus die Frage stellt, wie sich der weitere Fortgang gestaltet, kann man dies als Anlaß nehmen, mit der Schlußphase des Gespräches zu beginnen. Wenn der Interviewer das Gespräch von sich aus beenden will, kann er z. B. die Frage stellen, wie der Bewerber nach den gegebenen Informationen die Stelle aus seiner Sicht bewertet. Fast immer wird der Bewerber gegenüber dem Interviewer sein Interesse an der Stelle bekunden, auch wenn er selber weniger interessiert ist. Es wird für den Bewerber in aller Regel sinnvoll sein, sich möglichst viele Beschäftigungsoptionen offenzuhalten, daher wird er sich zu diesem Zeitpunkt fast immer interessiert zeigen. Der Informationsgehalt dieser Frage ist daher sehr gering. Sie hat jedoch auch nicht die Funktion der Informationsgewinnung, sondern der Hinführung des Gespräches in Richtung Beendigung und kann daher sinnvoll gestellt werden. Dem Bewerber sollten in dieser Phase noch Informationen über den weiteren Entscheidungsweg gegeben werden und es sollten Vereinbarungen zum weiteren Kontakt getroffen werden.

Dieser beschriebene Gesprächsplan stellt ein ideales, bewährtes Vorgehen dar, von dem natürlich auch abgewichen werden kann. Strikt eingehalten werden sollte jedoch die Regel, dem Bewerber erst Informationen zur Stelle zu geben, nachdem dessen Erwartungen hinsichtlich Arbeitsinhalt und Arbeitsbedingungen hinreichend genau abgeklärt worden sind.

Gesprächsplan

1. Begrüßung

2. Den Bewerber zum Sprechen bringen

3. Ablauf des Gespräches erklären

4. Eventuelle Fragen zum Lebenslauf klären

5. Die aus der Sicht des Bewerbers ideale Arbeit

6. Was wissen Sie über unser Unternehmen?

7. Problemlösen

8. Streß/Belastungen

9. Selbsteinschätzung

10. Spezielle Anforderungen

11. Informationen zur Stelle

12. Fragen des Bewerbers/weiteres Vorgehen

13. Abschluß des Gespräches

Die Bewerberselbstdarstellung als Erweiterung des klassischen Vorstellungsgespräches

Im Kapitel 2 wurde auf die Bedeutung der Selbstdarstellung des Bewerbers im Rahmen des Vorstellungsgespräches hingewiesen. Aus der besonderen kommunikativen Situation des Vorstellungsgespräches heraus wird ein großer Teil der Sachinformationen, die der Bewerber gibt, stets mehr oder weniger mit Selbstdarstellungsanteilen vermischt sein. Diese Tatsache stellt natürlich ein Problem im Rahmen der beabsichtigten Erhebung relevanter Informationen dar, man kann diese Problematik aber auch zu einer Stärke umfunktionieren, indem man den Bewerber sich selber präsentieren läßt. Man verschiebt durch die Aufforderung zur expliziten Selbstpräsentation des Bewerbers den Anteil der vier Grundaspekte der Kommunikation stark in Richtung der Selbstoffenbarung und innerhalb der Selbstoffenbarung sehr stark in Richtung Selbstdarstellung.

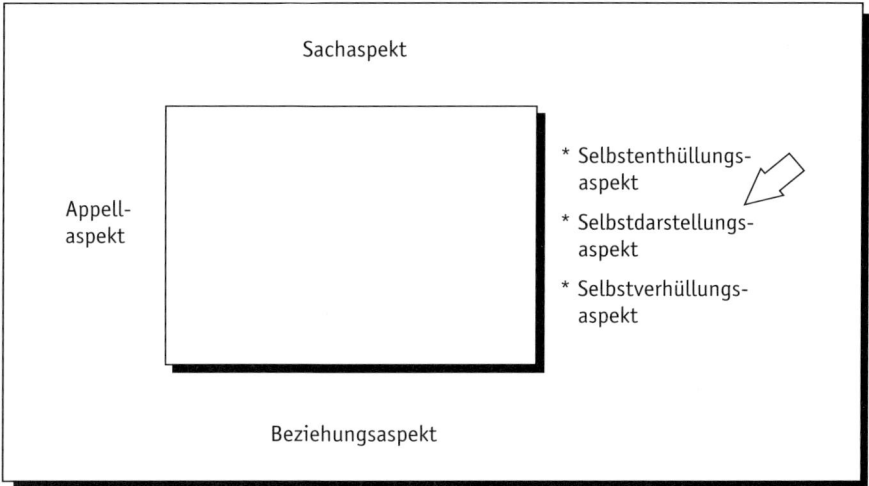

Abb. 32: Der kommunikative Fokus bei der Bewerberselbstdarstellung

10.1 Welche Information liefert die Bewerberselbstdarstellung?

Zusätzlich zu dem oben genannten Effekt kann man noch spezifische Informationen über den Bewerber auf der Verhaltensebene gewinnen, d. h., man verläßt mit dem Element der Bewerberselbstdarstellung den begrenzten Rahmen der rein verbalen Daten und schafft ein reales Handlungsfeld, in dem sich reales Verhalten beobachten läßt. Damit wird somit nicht die Verhaltensabsicht erfasst, sondern das reale Verhalten. Die in Kapitel 2 beschriebenen Verzerrungen auf dem Weg von der geäußerten Verhaltensabsicht zum realen Verhalten werden somit gegenstandslos. Das bei der Bewerberpräsentation beobachtbare Verhalten ist in mindestens zwei Aspekten für den Berufserfolg von Bedeutung.

Der erste Aspekt betrifft natürlich die Fähigkeit, vor Gruppen Präsentationen durchzuführen. Diese Fähigkeit dürfte an fast allen Arbeitsplätzen gefordert sein, sei es bei Präsentationen im Rahmen von Projekten, bei Kundenkontakten oder auch »nur« zur Informationsvermittlung. Diese Fähigkeit kann mit Hilfe der Bewerberselbstdarstellung sehr valide erhoben werden.

Der zweite Aspekt der mit der Bewerberselbstdarstellung gewonnenen Information bezieht sich auf die Abschätzung des weiteren hierarchischen Weges, den der Bewerber wahrscheinlich nehmen wird. Aus der Assessment – Center – Forschung ist bekannt, daß Assessment – Center – Verfahren zwar prognostisch valide sind, nicht aber kriteriumsvalide (Kleinmann 1997), d. h., mit Assessment – Center – Verfahren kann man in der Regel relativ gut die spätere hierarchische Entwicklung eines Kandidaten vorhersagen, dies geschieht aber nicht aufgrund der Kriterien, die dabei beobachtet werden sollen, sondern muß auf anderem Wege erklärt werden. Die fehlende Kriteriumsvalidität zeigt sich daran, daß die einzelnen Merkmalsausprägungen über verschiedene Übungen hinweg nur gering korrelieren (sie müßten aber hoch korrelieren, wenn sie dieselbe Fähigkeit messen würden) und daß verschiedene Beobachtungskriterien bei einer Übung hoch korrelieren (wenn man tatsächlich verschiedene Merkmale messen würde, dürften sie innerhalb einer Übung nur wenig korrelieren). Es gibt also nicht einen »Merkmalsfaktor«, sondern einen »Übungsfaktor« bei der Bewertung in Assessment – Centern. Diesen immer wieder gefundenen Effekt erklärt man sich dadurch, daß der Erfolg beim Assessment – Center zu einem guten Teil davon abhängt, wie gut der Teilnehmer a) erkennen kann, was von ihm gefordert wird und b), ob er dieses geforderte Verhalten dann auch produzieren kann. Derjenige Teilnehmer ist in Assessment – Centern erfolgreicher, der »errät«, welche Kriterien beobachtet werden und dieses Verhalten dann in der jeweiligen Situation zeigen kann. Diese Fähigkeit nun zu erkennen, was im Moment gefordert ist und die Produktion dieser geforderten Verhaltensweisen, ist zu einem guten Teil die Fähigkeit zum sozialen Gespür und zur Selbstdarstellung. Wer diese Fähigkeit zur Selbstdarstellung besitzt, wird später wahrscheinlich auch in Assessment – Centern eher erfolgreich sein. Somit kommt der Bewerberpräsentation in einem gewissen Rahmen eine prognostische Funktion für den weiteren Berufsweg, zumindest für die annähernde Abschätzung des Erfolges in Assessment – Centern zur internen Personalentwicklung zu.

Voraussetzung für die Durchführung einer Präsentation ist es, daß auch tatsächlich eine Beobachter- »gruppe« von mindestens drei Personen anwesend ist, da sonst die typische Präsentationssituation nicht abgebildet wird. Wie an anderer Stelle beschrieben (vergl. Kap. 1, Kap. 12), ist die Konstellation, bei der mehrere unternehmensseitige Beobachter bei der Durchführung von Auswahlgesprächen anwesend sind, generell sinnvoll.

10.2 Themenstellungen für die Selbstdarstellung

Prinzipiell sind natürlich die verschiedensten Themen für eine Bewerberselbstdarstellung denkbar. Es sollten aber aufgrund der für den Bewerber limitierten Vorbereitungszeit nur solche Themen gestellt werden, für die er auf inhaltlicher Ebene keine Vorbereitung braucht, die er aus dem Kopf beherrscht, für die er keine weiteren Unterlagen benötigt, für die der Bewerber selber der beste »Experte« ist. Bei der Bewerberselbstdarstellung geht es ja nicht um die Fähigkeit des Bewerbers zu Stegreifreden (außer dies ist eine spezielle Anforderung der zu besetzenden Stelle), sondern um die Frage, inwieweit der Bewerber in der Lage ist, ihm vertraute Informationen im Rahmen einer Präsentation zu vermitteln.

Sehr gut eignet sich auch die Aufgabe, ein von ihm bearbeitetes fachliches Thema durch den Bewerber präsentieren zu lassen unter dem Hinweis, daß dies in einer möglichst allgemein verständlichen Form geschehen soll. Mit Hilfe dieser Aufgabenstellung kann man relativ gut die Neigung des Bewerbers zur Anwendung von Fassadentechniken in Form der Verwendung von Fachtermini abschätzen (vergl. Kap. 2), da es ja das Ziel des Bewerbers ist, sich als möglichst kompetenter Fachmann auf dem jeweiligen Gebiet darzustellen (die Aufgabenstellung verleitet daher zu solchen Fassadentechniken). Der zweite Teil der Aufgabenstellung ist gegenläufig zu dieser Tendenz, da der Bewerber ja einen komplizierten Sachverhalt allgemein verständlich darstellen soll. In dieser Aufgabenstellung werden also die gegenläufigen Tendenzen des Imponierens und der Kommunikationsfähigkeit gleichzeitig aktiviert und man kann sehen, wie der Bewerber mit diesen sich widersprechenden Tendenzen umgehen kann.

10.3 Die Auswertung der Selbstdarstellung: Was kann man sehen?

Eine Auswertung der Selbstdarstellung erfolgt auf einer eher formalen Ebene. Man löst sich dabei als Beobachter vom Inhalt und versucht, sich auf die Art der Informationsvermittlung zu konzentrieren. Dies bedarf einiger Übung. Der Beobachter sollte sich dabei in die Rolle eines »neutralen« Beobachters begeben, der die Präsentation wie einen Film oder eine Videosequenz betrachtet. Kriterien hierfür können in Anlehnung an Boeckmann und Heymen (1996), Wagner – Link (1998) und Langer, Schulz von Thun & Tausch (1990) sein:

10.3.1 Präsentationsverhalten

Beim Präsentationsverhalten ist es sinnvoll, zwischen verbalen und nonverbalen Verhaltensweisen zu unterscheiden.

10.3.1 a) Verbale Wahrnehmungen

Damit sind alle Wahrnehmungen gemeint, die möglich sind, wenn Sie die Präsentation nur auf einem Tonband, also ohne das dazugehörige Bild, mitverfolgen könnten. Dabei können Sie auf folgende Wahrnehmungen achten:

Lautstärke:

Fragen Sie sich, ob die Lautstärke der Raumsituation angemessen ist, können alle Beobachter das Gesagte gut verstehen? Eine zu leise Stimme deutet häufig auf Unsicherheit hin, ist aber auf jeden Fall ein Kommunikationshindernis.

Modulation:

Damit ist die Wechselhaftigkeit der Stimme, die Veränderung der Stimme gemeint. Das Gegenteil einer modulierten Stimme wäre eine gleichförmige, monotone Stimme. Eine modulierte Stimme macht das Gesagte für den Zuhörer abwechslungsreicher, interessanter, einer modulierten Stimme geistig zu folgen, erfordert eine geringere Aufmerksamkeitsleistung als einer monotonen Stimme zu folgen. Die Modulation kann in der Lautstärke, der Sprechgeschwindigkeit und der Tonlage (Höhe und Tiefe der Stimme) erfolgen.

Sprechpausen/Sprechtempo:

Ein zu geringes Sprechtempo macht es den Beobachtern schwierig, zuzuhören, da die Aufmerksamkeit abschweift, ein zu hohes Sprechtempo macht das Zuhören ebenfalls schwierig, da die Information dann nicht richtig verarbeitet werden kann, durch Überlastung entsteht dann eine Abschottung der Information durch den Zuhörenden. Komplementär dazu verhält sich der Einsatz von Pausen. Zu viele und zu lange Pausen führen eher zu einem Abschweifen der Gedanken der Beobachter, zu wenige und zu kurze Pausen führen ebenfalls zu einem Abschotten. Weiterhin kann man darauf achten, ob die Pausen absichtlich gesetzt erscheinen, oder ob sie unbeabsichtigt zu entstehen scheinen. Ein zu hohes sowie ein zu niederes Sprechtempo sowie viele unbeabsichtigt erscheinende Pausen (vielleicht sogar Blocks), eventuell versehen mit Pausenfüllern (»Äh«) sind in der Regel Zeichen von Unsicherheit, erschweren aber auf jeden Fall die Kommunikation.

Ausdrucksvermögen:

Über welchen Wortschatz verfügt der Bewerber? Sind die Sätze grammatisch richtig formuliert?

10.3.1 b) Nonverbale Beobachtungen

Nonverbale Beobachtungen sind alle Wahrnehmungen, die auf einer Videoaufnahme ohne Ton zu sehen sind.

Blickkontakt:

Wohin blickt der Bewerber während seiner Präsentation? Zur Decke? Zum Boden? Zum Fenster hinaus? Oder zu den Zuhörern? Wenn er zu den Zuhörern blickt: Ist der Blickkontakt zu allen Zuhörern oder nur zu einem speziellen? Wenn er zu allen ist: Wie wechselt der Blickkontakt? Häufig oder selten, hektisch (Scheibenwischer) oder ruhig? Idealerweise sollte der Blickkontakt in einer ruhigen Art und Weise halbwegs gleichmäßig auf alle Zuhörer verteilt sein. Ist dies der Fall, fühlen sich alle Zuhörer angesprochen. Wird der Blickkontakt vermieden, so ist dies meist ein Zeichen von Unsicherheit.

Gestik:

Was macht der Vortragende mit den Händen und den Armen? Sind sie hinter dem Körper verschränkt oder in der Hosentasche versteckt? Oder »hält« sich der Bewerber an einem Kugelschreiber, einem Blatt Papier, dem Gürtel oder ähnlichem fest? Idealerweise wird die Gestik dazu benutzt, das Gesagte durch PASSENDE Arm- und Handbewegungen zu unterstreichen, das Gesagte mit Armen und Händen in Ansätzen zu visualisieren.

Haltung/Bewegungen:

Wie steht der Vortragende da? Gebückt oder aufrecht? Wie ist seine Position im Raum? Statisch oder in Bewegung? Wenn er sich bewegt, tut er dies langsam oder schnell, oder gar hektisch? Sind die Bewegungen störend? Erscheinen sie geplant oder zufällig ausgeführt?

Mimik:

Mit der Mimik ist es in besonderer Weise möglich, Zuwendung zu den Zuhörern und Freundlichkeit auszudrücken. Nutzt der Vortragende diese Möglichkeit (besonders durch Lächeln)?

10.3.2 Mediengestaltung

In der Präsentation sollte die Aufforderung enthalten sein, Medien für die Präsentation zu verwenden. Die Medien sollten nach der Präsentation eingesammelt werden, damit sie später ausgewertet werden können. Für eine Bewertung der Mediengestaltung braucht man die eigentliche Präsentation gar nicht gesehen zu haben. Im Prinzip kann sie auch ein an der Bewerbung unbeteiligter Beobachter bewerten und kommentieren.

Fragen zur Mediengestaltung:

- Sind die Medien »sauber« gestaltet?
- Enthalten Sie Visualisierungen (was immer der Fall sein sollte), oder bestehen Sie nur aus Text?

- Ist die Schrift gut lesbar?
- Werden Farben sinnvoll verwendet (nicht um der Farbigkeit willen, sondern um Bezüge herzustellen)?
- Sind die Darstellungen sauber gegliedert (gibt es Absätze, Zwischenüberschriften etc.)?

10.3.3 Umgang mit den Medien

Wie werden die Medien eingesetzt? Werden Sie z. B. vorgelesen, was sehr häufig der Fall ist, oder sind nur Stichpunkte angegeben? Unterstützen die Medien das Gesagte oder dominiert der Medieneinsatz die Präsentation?

Häufig lassen sich Vortragende durch die Medien »gefangennehmen«, sie »kleben« an den Medien, was sich insbesondere auf den Blickkontakt auswirkt. Beherrscht der Bewerber die Grundregeln im Umgang mit einzelnen Medien?

Positiver Umgang mit dem Folienschreiber:

- Steht nicht im Projektionsstrahl
- Deckt die Folie sequentiell auf
- Zeigt an der Folie, nicht an der Wand
- Legt einen Stift zum Markieren auf die Folie
- etc.

Positiver Umgang mit dem Flip-Chart:

- Spricht nicht zum Flip-Chart
- Die dominante Hand zeigt zum Flip-Chart
- Sprechen – zum Flip-Chart drehen, Schreiben, Umdrehen – Sprechen
- etc.

10.3.4 Aufgabenerfüllung

Die in der Aufgabenstellung genannten Aufgaben sollten hinsichtlich der Inhalte und der Zeit erfüllt werden. Der Bewerber muß dabei zwei Dinge tun: Er muß erstens die Präsentation inhaltlich durchführen und zweitens parallel dazu seine Präsentation auf einer Meta-Eben betrachten und ständig kontrollieren, ob er alle vorgegebenen Themen behandelt hat und wieviel Zeit er für die einzelnen Unterpunkte verwendet. Insbesondere bei der Aufgabe, ein fachliches Thema zu präsentieren, kommt es sehr häufig vor, daß sich die Bewerber zeitlich und inhaltlich sehr verzetteln und weniger in der Lage sind, ihre Präsentation zu kontrollieren.

10.3.5 »Nur« korrekt oder ansprechend?

Zum Abschluß ist es sinnvoll, sich die Frage zu stellen, ob neben den oben beschriebenen, eher formalen Aspekten der Präsentation auch noch Elemente enthalten waren, die zusätzlich dazu die Präsentation und somit das Zuhören interessant gemacht haben. Es kann dabei Unterschiede geben zwischen einer »korrekten« Präsentation und einer Präsentation, die zwar auch korrekt ist, darüber hinaus aber noch einen »Knalleffekt, »Pep«, »drive« hat. An dieser Stelle drückt sich zusätzlich zu den allgemeingültigen Regeln einer guten Präsentation auch die Individualität des Bewerbers aus. Schulz von Thun nennt diesen Faktor »zusätzliche Stimulanz«.

Diese zusätzliche Stimulanz kann z. B. bestehen in:

- Der Verwendung plastischer Beispiele
- Dem Benutzen von Analogien
- Der Verwendung von wörtlicher Rede
- etc.

10.3.6 Beobachtungsbogen

Für die Auswertung der Bewerberpräsentation kann das nachfolgende Formblatt verwendet werden, in dem die oben dargestellten Gesichtspunkte dargestellt sind. Zu jedem Gesichtspunkt kann eine Bewertung von 1 (= sehr positiv) bis 5 (= nicht vorhanden oder sehr negativ) erfolgen, sowie eine Gesamtbewertung der Präsentation. Am Anfang wird dies vielleicht noch relativ schwierig sein, es stellt sich aber erfahrungsgemäß nach einigen Präsentationen ein gewisser Maßstab ein. Da die Präsentation ja von mehreren Beobachtern bewertet wird, gibt es so zusätzlich noch eine soziale Korrekturquelle. Eine Diskussion zwischen den einzelnen Beobachtern ist immer sinnvoll, da die unterschiedlichen Beobachtungen zusammengetragen werden und sich durch die Diskussion ein einheitlicher Maßstab schneller bilden kann.

Auswertungsblatt Präsentation	Name:				
1. Präsentationsverhalten:					
a) verbales Verhalten					
Lautstärke	1	2	3	4	5
Modulation	1	2	3	4	5
Sprechtempo/Sprechpausen	1	2	3	4	5
Ausdrucksvermögen	1	2	3	4	5
b) nonverbales Verhalten:					
Blickkontakt	1	2	3	4	5
Gestik	1	2	3	4	5
Haltung/Bewegung	1	2	3	4	5
Mimik	1	2	3	4	5
2. Mediengestaltung	1	2	3	4	5
3. Umgang mit den Medien	1	2	3	4	5
4. Aufgabenerfüllung	1	2	3	4	5
5. Inhalt	1	2	3	4	5
6. Zusätzliche Stimulanz	1	2	3	4	5
Gesamtbewertung	1	2	3	4	5

10.4 Rahmenbedingungen

Eine derartige Bewerberpräsentation ist im Prinzip immer durchführbar, wenn sie als Einstieg in das Gespräch erfolgt, auch ohne damit spezielle Verhaltensweisen beobachten zu wollen. Darüber hinaus ist es in fast jeder Position wichtig, Informationen z. B. in Form von Kurzpräsentationen zu vermitteln. Diese Fähigkeit kann natürlich mit Hilfe der Bewerberselbstdarstellung sehr gut erfasst werden. Die Bewerberpräsentation sollte dagegen nicht angewendet werden, wenn die Anforderung, Informationen an Gruppen zu vermitteln, in dem entsprechenden Berufsbild nicht vorkommt, wie dies z. B. bei einer Sekretärin oder einem Handwerker der Fall sein dürfte. Die Gruppe der Tätigkeiten, in denen diese Anforderung keine Rolle spielt, dürfte jedoch eher klein sein.

Während der eigentlichen Präsentation sollten sich die Interviewer sehr passiv verhalten, d. h., möglichst keine, oder wenn, dann nur Verständnisfragen stellen. Dies hat zweierlei Gründe: Einerseits soll der Bewerber eine »Bühne«, eine »Projektionsfläche« erhalten, die er frei gestalten kann, andererseits definiert die Aufgabe der Präsentation eine (nur in dieser Phase) einseitige Kommunikation, die eben typisch ist für diese Aufgabenstellung. Sehr wahrscheinlich werden die Beobachter während der Präsentation sehr viele Fragen generieren, die sie aber dann einfach notieren und im Anschluß an die Präsentation stellen sollten. Erfahrungsgemäß stellt die Anknüpfung an eine vorangegangene Präsentation ein weiteres und natürliches Element der Erleichterung des Gesprächsflußes dar (vergl. Kap. 4).

Die Präsentation sollte im Gesamtverfahren möglichst in einer eher frühen Phase erfolgen, da sie einen eleganten Einstieg in das (Gruppen-) Gespräch bietet. Darüber hinaus kommt man dem Bedürfnis des Bewerbers zu einem frühen Zeitpunkt entgegen, die Phase, in der der Bewerber eine »Bühne« zur expliziten Selbstdarstellung geboten bekommt, kann von den späteren Gesprächsphasen deutlich unterschieden werden.

10.5 Verhaltensbeobachtung während des Zweiergespräches

Auch wenn formal keine Bewerberpräsentation durchgeführt wird, ist natürlich jedes Bewerbergespräch eine Präsentation des Bewerbers. Man kann daher auch beim Zweiergespräch auf der Ebene des beobachtbaren Verhaltens Informationen sammeln.

Nach dem eigentlichen Gespräch kann man dazu die Gesprächseindrücke noch einmal Revue passieren lassen und sich zusätzlich zum Inhalt einige Gedanken über die Form des Gespräches machen und diese in strukturierter Form festhalten. Dabei kann man aus meiner Erfahrung relativ eindeutig einschätzen:

Beobachtbares Verhalten während des Zweiergespräches:

- Das Auftreten des Bewerbers
- Das Ausdrucksvermögen des Bewerbers
- Sein Verhalten in der Zweierkommunikation
- Die Nervosität/Belastbarkeit des Bewerbers

10.5.1 Vom Ausdruck zum Eindruck

Jede Einschätzung enthält subjektive und mit Unsicherheiten behaftete Elemente. Dies ist nun einmal so und leider nicht zu ändern. In seiner Subjektivität aber immer bedeutsam und wirksam ist der rein subjektive Eindruck, den der Bewerber bei dem Interviewer erzeugt. Überlegen Sie sich daher für die Auswertung, wie Ihr eigener, rein subjektiver Eindruck bezüglich der oben beschriebenen Kriterien ist und versuchen Sie zu beschreiben, woher genau dieser Eindruck kommt, was der Bewerber zum Entstehen dieses Eindrucks bei Ihnen konkret getan hat. Dieses Vorgehen ist konträr zu der häufig geforderten Trennung von Beschreibung und Bewertung, sowie dem Vorgehen, zuerst wertneutral zu beschreiben und erst dann eine Bewertung vorzunehmen. Ich glaube, daß dieses Vorgehen in der Zweiersituation nur sehr schwer oder vielleicht überhaupt nicht möglich sein wird. Die eigenen Wahrnehmungen sind immer durch subjektive Erfahrungen und subjektiv eventuell verzerrte Sichtwiesen, Ausblendungen, spezielle Fokussierung etc. zumindest mitdeterminiert (vergl. z. B. Schuler 1980). Der Versuch, hier »Objektivität« zu erzeugen (sofern dies bei der Personenwahrnehmung überhaupt möglich sein sollte) ist meiner Ansicht nach zum Scheitern verurteilt. Aus dieser Tatsache kann man auch eine Stärke machen, indem man sich den rein subjektiven Eindruck bewußt macht, denn dieser subjektive Eindruck ist »objektiv« richtig, da der Bewerber ihn ja bei Ihnen erzeugt hat, es lohnt sich, sich dies bewußt zu machen und sich zu fragen, wie dieser subjektive Eindruck entstanden ist

Bei der Beobachtung des Verhaltens während des Zweiergesprächs muß man sich ständig bewußt sein, daß die nonverbalen Verhaltensweisen des Bewerbers die Gesamtwahrnehmung sehr stark überstrahlen. So konnten z. B. Young & Beier (1977) zeigen, daß der Blickkontakt, die Art des Lächelns und der Kopfbewegung einen deutlichen Einfluß auf die Beurteilung des Bewerbers hat. Die Unterschiede im nonverbalen Verhalten der Bewerber konnten 80 Prozent der Varianz der Urteile über deren Geeignetheit erklären.

10.5.2 Beobachtungsblatt zur Verhaltensbeobachtung während des Zweiergespräches

Die Auswertung des Bewerberverhaltens in der Zweierkommunikation kann z. B. mit Hilfe des unten abgebildeten Auswertungsblattes erfolgen. Versuchen Sie dabei zuerst, eine subjektive Einschätzung des Bewerberverhaltens (von ++ bis –) vorzunehmen. Fragen Sie sich dazu einfach, wie Ihr persönlicher Eindruck war. Beschreiben Sie dann das konkrete Verhalten des Bewerbers näher, dazu sind in dem Auswertungsblatt einige Standardbegriffe aufgeführt, die sicherlich noch einer Ergänzung durch die entsprechenden Beobachtungen bedürfen.

Beobachtungsblatt zum Zweiergespräch

☐++   **Auftreten:**
☐+
☐0 arrogant – aufdringlich – befangen – ernst – gehemmt – heiter – höflich –
☐– korrekt – lässig – schwerfällig – sicher – unsicher – zurückhaltend –
☐– gewandt

Beobachtungen:

☐++   **Ausdrucksvermögen:**
☐+
☐0 flüssig – präzise – klar – knapp – macht viele Worte – redegewandt –
☐– schlagfertig – treffend – umständlich – unklar – behält den Faden
☐–

Beobachtungen:

☐++   **Dyadische Kommunikation:**
☐+
☐0 hält Blickkontakt – nutzt Mimik und Gestik – gliedert seine Ausführungen –
☐– kontrolliert, ob er verstanden wurde – wendet sich dem Gesprächspartner zu –
☐– verteilt die Redezeit etwa gleich – läßt Gesprächspartner ausreden

Beobachtungen:

☐++   **Nervosität:**
☐+
☐0 zeigt motorische Unruhe – wirkt ruhig und ausgeglichen –
☐– Verlegenheitsgesten – bleibt in kritischen Situationen ruhig –
☐– verhält sich unkompliziert

Beobachtungen:

Bemerkungen:

11 Durchführungstechnische Gesichtspunkte

Während in den vorangegangenen Kapiteln der Schwerpunkt auf der Gesprächstechnik lag, werden in diesen Kapitel einige weitere, eher technisch orientierte Gesichtspunkte erörtert, die bei dem Führen von Vorstellungsgesprächen beachtet werden sollten. Diese Gesichtspunkte sind die Sitzposition der Gesprächspartner, die Rolle der Notizen während des Gespräches, die Zeitplanung, die Leistungsfähigkeit im Tagesverlauf und das systematische Auswerten.

11.1 Sitzposition

Die Sitzposition der Gesprächspartner während des Bewerbungsgespräches sollte nicht zufällig entstehen, sondern systematisch geplant sein, da sie vielerlei Auswirkungen hat. Bei der idealen Sitzposition sitzt der Bewerber in einem 90-Grad-Winkel zum Interviewer. Dies ist in der Regel für den Bewerber angenehmer als das direkte Gegenübersitzen, da er so nicht dem ständigen Blickkontakt des Interviewers ausgesetzt ist. Dieser ständige Blickkontakt wirkt auf viele Menschen eher beunruhigend. Sitzt man dagegen in der 90-Grad-Position, kann der Blick immer wieder geradeaus in die natürliche Blickrichtung gerichtet werden.

Wie im nächsten Abschnitt dargestellt, sollte sich der Interviewer von dem Gespräch Notizen machen. Sitzt der Bewerber nun frontal zum Interviewer, so ist dieser förmlich gezwungen, die Aufzeichnungen des Interviewers einzusehen, was natürlich nicht sinnvoll ist, da der Interviewer dann seine Notizen nicht im »Klartext« formulieren kann. Sitzt man sich direkt gegenüber, so haben beide Gesprächspartner nur eine geringe Beinfreiheit, diese ist bei einer 90-Grad- Position größer und daher eher geeignet, eine bequeme Position einzunehmen.

Der Abstand der Sitzgelegenheiten spielt ebenfalls eine wichtige Rolle bei der Gestaltung der Gesprächssituation. Untersuchungen haben gezeigt, daß die optimale Gesprächsdistanz bei Erwachsenen, die sich das erste Mal sehen, bei 100 bis 150 cm liegt, dies entspricht ca. der Distanz, die entsteht, wenn beide Gesprächspartner die Arme ausgestreckt haben. Ist die Distanz größer, »distanziert« man sich von dem Gesprächspartner, wird sie unterschritten, wird dies häufig als Einbruch in den »persönlichen Raum« erlebt. Ist dies mehrmals der Fall, so kann dies zu Nervosität, einem unangenehmen Gefühl, oder gar zu Aggression führen, was natürlich negative Auswirkungen auf die Beziehungsebene haben kann (z. B. Hall 1966, Thiel 1969).

Wenn nur zwei Stühle vorhanden sind, kann man die Sitzkonstellation eindeutig vorgeben. Sind mehrere Sitzplätze vorhanden, kann man das Zustandekommen der optimalen Sitzposition trotzdem sehr gut steuern, man kann z. B.:

- Dem Bewerber einen speziellen Platz anbieten.
- Die Unterlagen an einem Platz liegen lassen, der nur diese Konstellation zuläßt und so den Sitzplatz des Interviewers »reservieren«.
- Den Bewerber zuerst Platz nehmen lassen und dann den eigenen Platz so wählen, daß die beabsichtigte Konstellation entsteht.

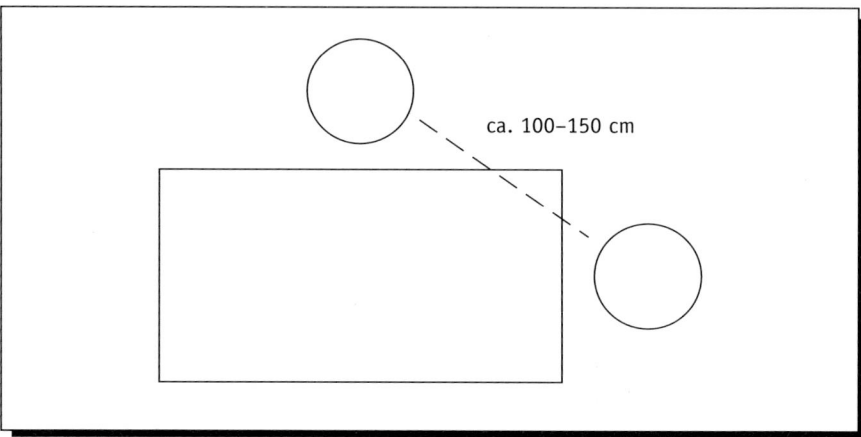

Abb. 33: Sitzpositionen beim Bewerbergespräch

Ob der Bewerber rechts oder links vom Interviewer sitzen sollte, hängt davon ab, ob der Interviewer Rechts- oder Linkshänder ist. Ist er Rechtshänder, sollte er links vom Bewerber sitzen, da der rechte Arm dann einen natürlichen Sichtschutz für die Notizen darstellt. Würde der Rechtshänder rechts vom Bewerber sitzen, so hätte dieser einen relativ guten Einblick in die Notizen des Interviewers.

11.2 Notizen

Während des Gespräches erhält der Interviewer eine Fülle von Informationen, die er sich aufgrund gedächtnispsychologischer Gegebenheiten nicht oder nur in einer sehr rudimentären Weise merken kann. Daher ist es unbedingt ratsam, sich während des Gespräches Notizen zu machen. Die Funktionsweise unseres Gedächtnisses kann mit dem nachfolgenden Experiment demonstriert werden.

Nehmen Sie sich zwei Minuten Zeit und lernen Sie die nachfolgende Liste mit Begriffen
auswendig:

Aktenordner
Zehnkampf
Naturwissenschaftler
Blumenkohl
Teigwaren
Funkturm
Kofferraum
Terminkalender
Kleiderschrank
Bilderrahmen
Drehmaschine
Liederhalle
Boxkampf
Hochhaus
Fensterbank

Unterbrechen Sie nun das Lesen dieses Buches und beschäftigen Sie sich 10 bis 15 Minuten
mit irgendeiner anderen Tätigkeit.

Reproduzieren Sie dann die zuvor gelernten Begriffe, schreiben Sie alle die Begriffe auf, die
Ihnen einfallen.

Notieren Sie sich als Auswertung:

1. Wieviele Begriffe konnten Sie sich merken?

2. An welcher Position standen die Begriffe, die Sie sich merken konnten?

Wenn man dieses Experiment mit sehr vielen Menschen durchführt, und sicher-
stellt, daß dabei Zufallseffekte ausgeschlossen sind, so kann man folgende Ergebnisse feststellen:

1. Die Kapazität des Kurzzeitgedächtnisses ist begrenzt, sie beträgt sieben plus
   minus zwei Inhalte. Solche Inhalte können Begriffe, Zahlen, Ereignisse, For-
   meln, Argumentationen etc. sein, also sieben plus minus zwei sinnvolle Einheiten (Miller 1956).

2. Die »Haftfähigkeit« von Gedächtnisinhalten hängt zu einem gewissen Teil von
   der Reihenfolge ab, in der man die Gedächtnisinhalte dargeboten bekommt. Dabei werden die Informationen, die am Schluß stehen, besonders gut behalten.
   Dieser Effekt erstreckt sich gewöhnlich über ca. 2-3 Gedächtnisinhalte. Die Informationen, die am Anfang dargeboten werden, werden auch noch besser als die
   Inhalte, die in der Mitte stehen, behalten, wenn auch geringfügig weniger besser
   als die Inhalte, die am Schluß dargeboten werden, dieser Effekt erstreckt sich auf
   etwa 2-3 Gedächtniseinheiten. Die Informationen, die in der Mitte stehen, wer-

den am relativ schlechtesten behalten. Die Tatsache, daß Informationen , die am Schluß dargeboten wurden am besten behalten werden, wird als »Recensy – Effekt« bezeichnet, die relativ gute Merkfähigkeit für Einheiten am Anfang bezeichnet man als »Primacy – Effekt« (Murdock 1966).

Diese Gedächtniseffekte haben unmittelbare praktische Bedeutung. Wenn sich der Interviewer keine Notizen macht, muß er sich in der Beurteilung des Bewerbers alleine auf die Gedächtnisspuren verlassen, die der Bewerber bei ihm hinterlassen hat. Da diese Gedächtnisspuren in Abhängigkeit von der Position des jeweilgen Inhaltes jedoch verschieden tief sind, erfolgt die Informationsverarbeitung nur sehr unsystematisch und verzerrt. Das Anfertigen von Notizen stellt sicher, daß der Primacy- und der Recensy-Effekt bei der Informationsverarbeitung keine Rolle spielen und auch die Informationen über den Bewerber, die in der Mitte des Gespräches anfallen, angemessen berücksichtigt werden.

Während des Gespräches ist es günstiger, nur Stichworte als Gedankenstützen zu notieren, da sonst durch intensives Mitschreiben der Blickkontakt zum Bewerber zu sehr unterbrochen werden könnte. Der Bewerber fühlt sich in der Regel nicht oder nur sehr wenig durch das Mitschreiben des Interviewers gestört. Er merkt im Gegenteil, daß seine Antworten wichtig genommen werden. Dem Bewerber wird zusätzlich demonstriert, daß seine Antworten dokumentiert werden und er es somit schwerer hat, konsistent Aussagen zu erfinden, das sie mittels der gemachten Notizen eher überprüft werden können (vergl. Kap. 5).

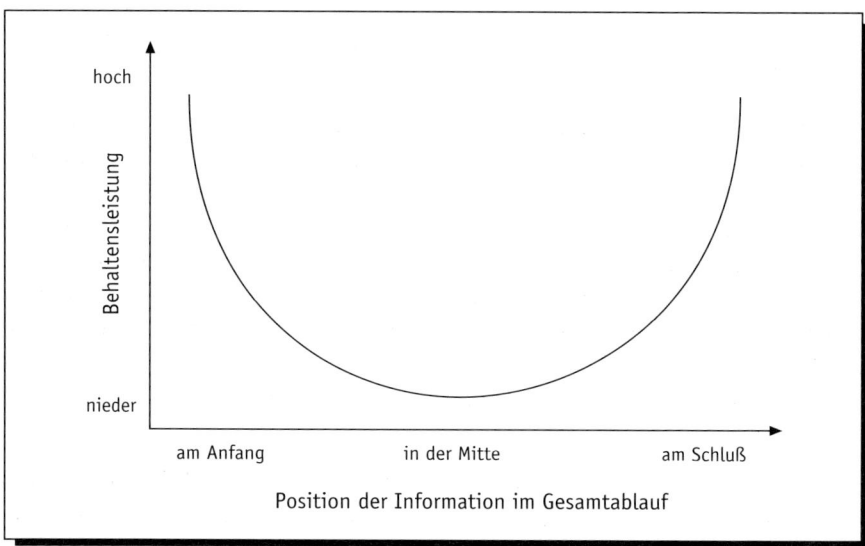

Abb. 34: Behaltensleistung in Abhängigkeit von der Position

Beim Notieren der relevanten Informationen während des Bewerbungsgespräches empfiehlt es sich, ein Klemmbrett zu benutzen, da dann die Unterlagen nicht offen auf den Tisch gelegt werden müssen, wo sie der Bewerber einsehen kann.

Abbildung 34 verdeutlicht diesen Zusammenhang zwischen der Behaltensleistung und der Position im Gesamtablauf, an der die jeweilige Information gegeben wurde.

11.3 Zeitplanung

Aus den Gesetzmäßigkeiten, nach denen unser Gedächtnis funktioniert, ergeben sich auch unmittelbare Konsequenzen für die Gestaltung des Arbeitstages, besonders dann wenn an einem Tag mehrere Gespräche zu führen sind.

Zur Verdeutlichung dient wieder ein gedächtnispsychologisches Experiment:

Gibt man Versuchspersonen Begriffe vor, die sie auswendig lernen sollen und gibt Ihnen unmittelbar im Anschluß daran eine andere Gedächtnisaufgabe, so werden die ursprünglich gelernten Begriffe durch die neue Aufgabe verdrängt. Ein geistiges Wiederholen der ursprünglich gelernten Begriffe wird dadurch verhindert. Die Behaltensleistung ist bei solchen Aufgaben, bei denen das Wiederholen verhindert wird, wesentlich geringer als bei Aufgaben, bei denen die Versuchspersonen das zuvor Gelernte wiederholen können. Dieser Effekt ist dann besonders ausgeprägt, wenn sich das zuerst gelernte Material und die Art der Information, die die Personen nachher verarbeiten müssen, sehr ähneln. Wie kommt es zu einem Zerfall, zu einem Verblassen, zu einem Verlust von Gedächtnisinhalten bei denjenigen Versuchspersonen, die die gelernten Inhalte nicht wiederholen konnten?

Eine Erklärung hierfür liefert ein Modell des Kurzzeitgedächtnisses. Die Kapazität des Kurzzeitgedächtnisses ist begrenzt. Werden neue Inhalte in den Kurzzeitspeicher eingefüllt, so müssen alte dafür aus dem Speicher entfernt werden oder aber die alten Gedächtnisinhalte in den Langzeitspeicher »umgelagert« werden. Dieses Umlagern erfolgt hauptsächlich durch Wiederholen. Um das zuvor Gelernte wiederholen zu können, muß der Kurzzeitspeicher natürlich vor weiterem Informationseinstrom geschützt werden. Etwa 85 Prozent des gesamten Gedächtniszerfalls ist durch Überlagerung mit neuer Information zu erklären, die restlichen ca. 15 Prozent mit dem »Zerfall« der Gedächtnisspuren. Dieser Überlagerungsprozeß wird auch Interferenz genannt (Norman 1966)

Das Kurzzeitgedächtnis hat eine begrenzte Kapazität. Wird neue Information in das Kurzzeitgedächtnis »eingefüllt«, so »läuft der Speicher über« und alte Information geht verloren. Damit man eine Chance hat, die Gedächtnisinhalte vom Kurzzeitgedächtnis in das Langzeitgedächtnis zu befördern, muß man daher eine Portion In-

formation aufnehmen, diese Information im Kurzzeitgedächtnis behalten (wiederholen) und erst dann weitere Information aufnehmen.

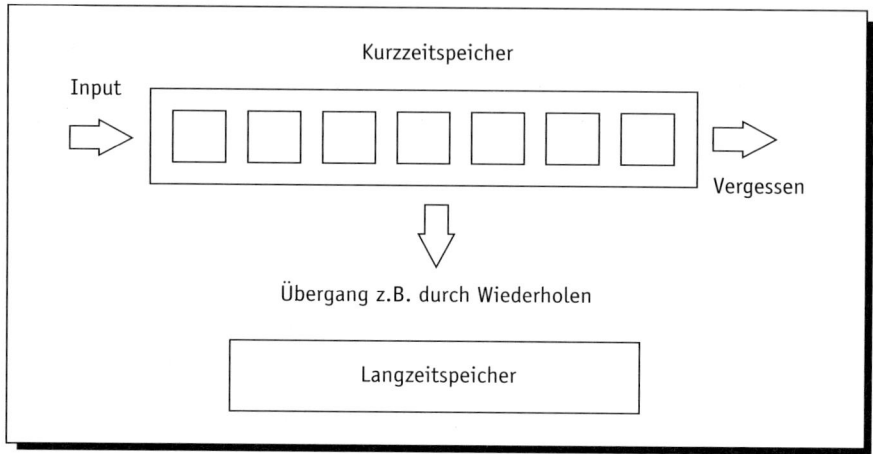

Abb. 35: Begrenzte Gedächtniskapazität

Diese gedächtnispsychologischen Sachverhalte haben unmittelbare Konsequenzen
für die Gestaltung des Tagesablaufes, das Vorstellungsgespräch kann als eine Art
Lernprozeß aufgefaßt werden, bei dem der Interviewer möglichst viel über den Bewerber erfahren (lernen) will und das gewonnene Wissen dann auch für die spätere
Auswertung im Gedächtnis behalten muß.

Empfehlungen für die Gestaltung des Tagesablaufes:

1. Nach jedem Interview sollte eine gezielte Pause eingeplant werden, in der es zu
möglichst wenig Interferenz mit ähnlich gelagerten Informationen kommen kann.
Führt man mehrere Vorstellungsgespräche hintereinander, so sind sich die jeweils
zu »lernenden« Informationen sehr ähnlich, es besteht daher eine starke Gefahr der
Interferenz der Gedächtnisinhalte. Das Gedächtnis sollte daher eine gewisse Zeit
nach einem Vorstellungsgespräch »leergehalten« werden (z. B. indem man Dinge
erledigt, die nichts mit dem Vorstellungsgespräch zu tun haben), um Überlagerun-
gen zu verhindern. Noch besser ist es natürlich, das Gespräch geistig noch einmal
Revue passieren zu lassen. Zwei Bewerbungsgespräche unmittelbar hintereinander,
ohne die Möglichkeit, das erste Gespräch noch einmal zu reflektieren, sind sehr
ungünstig (gleichartiges Material, wenig Verarbeitungszeit, wenig Gelegenheit,
die Inhalte in den Langzeitspeicher zu transferieren).

2. Der oben beschriebene Effekt der Interferenz kommt nur dann zustande, wenn
man die Versuchspersonen daran hindert, die gelernte Information zu wiederholen.
Durch Wiederholen kann man die Gedächtnisinhalte »verfestigen«, sie vom Kurzzeitgedächtnis in das Langzeitgedächtnis überführen. Daher ist es sinnvoll, unmit-

telbar am Ende eines Interviews gezielt Zeit einzuplanen, um sich das Interview geistig noch einmal vor Augen zu führen, durch dieses Wiederholen steigt die Haftfähigkeit der Gedächtnisinhalte.

3. Wenn man die im Gespräch mitgeschriebenen Stichworte nach dem Gespräch noch einmal ausführlicher zusammenfaßt, hat man zusätzlich zu der systematischen Konservierung der erhaltenen Information in schriftlicher Form noch den Effekt der besseren Erinnerung an das Gespräch.

11.4 Leistungskurve

Die physische und kognitive Leistungsfähigkeit des Interviewers schwankt im Verlauf des Tages, sie erreicht bei sehr vielen Menschen am frühen Vormittag und am späten Nachmittag den Höhepunkt. Nach dem Mittagessen ist sie dagegen eher gering. Da das Vorstellungsgespräch hohe Anforderungen an die kognitive Leistungsfähigkeit des Interviewers stellt, sollten die Bewerbungsgespräche in der Zeit des jeweiligen Leistungshöhepunktes gelegt werden. Da die Verlaufskurve individuelle Unterschiede aufweisen kann, sollte man sich durch Selbstbeobachtung darüber klar werden, zu welchem Zeitpunkt im Tagesablauf die eigene Leistungsfähigkeit besonders hoch ist und die Vorstellungsgespräche in diesen Zeiten einplanen.

11.5 Systematisches Auswerten

Die vielen Informationen, die im Laufe des Vorstellungsgespräches angefallen sind, werden häufig nur »intuitiv« und unsystematisch bewertet, gewichtet und verrechnet. Das Gesamturteil kommt häufig eher aus einem »Globalurteil« heraus zustande und weniger durch eine analytische und systematische Entscheidungsfindung. Dieser eher intuitive Prozeß der Entscheidungsfindung hat den Nachteil, daß dabei sowohl Gedächtniseffekte als auch Wahrnehmungsverzerrungen seitens des Interviewers (oder der Interviewer) eine Rolle spielen können, die das Entscheidungsbild unter Umständen verzerren können. Die Problematik dieses intuitiven Verrechnungsprozesses kann mit Hilfe der Abbildung 36 demonstriert werden. In der Abbildung sind jeweils die Größenverhältnisse 1:2 in verschiedenen Formen dargestellt, einmal als Längenvergleich, einmal als Flächenvergleich und einmal als Vergleich zweier Körper. Die Darstellungen unterscheiden sich also in der Anzahl der Dimensionen, auf denen sich der Größenvergleich 1:2 abspielt. Bei dem Vergleich der Verhältnisse auf einer Dimension (Länge) ist der Unterschied ziemlich eindeutig. Bei dem Vergleich auf zwei Dimensionen (Fläche) verkleinert sich in unserer Wahrnehmung der Unterschied. Noch deutlicher ist dies bei der dreidimensionalen

Darstellung (Körper). Das Verhältnis 1:2 wird umso schwieriger wahrnehmbar, je mehr Dimensionen bei der Darstellung verwendet werden.

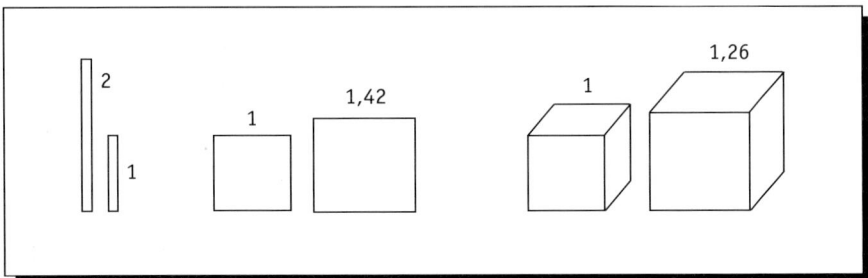

Abb. 36: Verzerrung bestehender Unterschiede bei der gleichzeitigen Betrachtung mehrerer Dimensionen

Unsere Wahrnehmung hat die Tendenz, komplexe, mehrdimensionale Vergleiche zu simplifizieren, indem sie die Anzahl der zu berücksichtigenden Aspekte verringert (im obigen Beispiel wird der Vergleich hierfür auf die Kantenlänge reduziert). Bestehende Unterschiede werden andererseits bei der gleichzeitigen Betrachtung mehrerer Dimensionen nicht mehr erkennbar. Diese Arbeitsweise unserer Wahrnehmung manifestiert sich bereits beim Vergleich einfacher geometrischer Figuren, die ja noch durch Abmessen eindeutig miteinander zu vergleichen sind. Ungleich komplexer ist dagegen die Beurteilung eines Bewerbers, bei der zusätzlich kein »objektiver« Maßstab, kein »soziales Lineal« existiert. Auch hier können bei unsystematischem Vorgehen einzelne Aspekte vernachlässigt oder ganz unterschlagen werden, andere dagegen überdimensional gewichtet werden. Bei der Beurteilung eines Bewerbers gibt es natürlich mehr als drei Dimensionen zu beachten und zu verrechnen, umso schwieriger ist es dann, zwei Bewerber miteinander zu vergleichen. Mit der Anzahl der zu berücksichtigenden Dimensionen nivellieren sich die tatsächlich bestehenden Unterschiede auch hier. Andererseits können Gedächtniseffekte bei uns die Illusion bestehender Unterschiedlichkeiten erzeugen, die bei systematischem Vorgehen in dieser Form eventuell nicht vorhanden sind.

Um diese Wahrnehmungsverzerrungen zu vermeiden, ist es sinnvoll, bei der Auswertung systematisch alle gewonnenen Informationen darzustellen und zu vergleichen. Diesem Zweck dient die folgende Zusammenstellung der Informationsquellen.

Name:					
Differenziertheit der Vorstellungen zu:					
Arbeitsinhalt	1	2	3	4	5
Arbeitbedingungen	1	2	3	4	5
Antwortqualität beim Nachfragen zu:					
Problemlösen	1	2	3	4	5
Streß/Belastung	1	2	3	4	5
Selbsteinschätzung	1	2	3	4	5
Spezielle Anforderungen	1	2	3	4	5
Reaktion auf offene Fragen	1	2	3	4	5

nutzt den Freiraum   knapp

Argumentation bei Stereotyp konträren Fragen	1	2	3	4	5
Antwortqualität auf abstrakte Fragen	1	2	3	4	5
Punktzahl bei zweigliedrigen Fragen					
Punktzahl bei dreigliedrigen Fragen					
Punktzahl Originalität					
Gesamtbewertung der Präsentation	1	2	3	4	5

besonders positiv   besonders negativ

1 = positiv/gut/differenziert   5 = negativ/schlecht/undifferenziert

12 Training des Interviewer-Verhaltens

In diesem Kapitel werden Möglichkeiten dargestellt, wie man gezielt einzelne Verhaltensweisen und Techniken, wie sie in diesem Buch beschrieben sind, trainieren kann.

12.1 Schriftliche Übungen

Eine Möglichkeit, das Interviewerverhalten systematisch zu trainieren, ist das Bearbeiten der in diesem Buch im Anhang 1 dargestellten schriftlichen Übungen. Dieser Übungseffekt kann noch dadurch gesteigert werden, daß man die dargestellten Beispiele durch die in realen Vorstellungsgesprächen erlebten Beispiele ergänzt.

12.2 Rollenspiele

Das jeweilige Frageverhalten kann auch in Form von Rollenspielen trainiert werden. Bei diesem »Trockentraining« nimmt ein Teilnehmer die Rolle des Bewerbers ein und ein Teilnehmer die Rolle des Interviewers. Zusätzlich können noch andere Teilnehmer als Beobachter fungieren. Diese Konstellation hat den Vorteil, daß der fiktive Bewerber nach dem Interview die Wahrnehmung des Gespräches aus seiner Sicht beschreiben kann, was ja bei realen Bewerbern nicht möglich ist. Die zusätzlichen Beobachter können zur Strukturierung der Beobachtung das im Anhang 2 abgebildete Formblatt verwenden. In dieser Rollenspielkonstellation ist es auch möglich, daß das fiktive Bewerbungsgespräch auf Video aufgenommen wird und der Interviewer die direkteste Form der Rückmeldung dadurch erhält, daß er sich selber im Gespräch sehen kann. Eine Videoaufnahme während eines realen Vorstellungsgespräches wird dagegen, wenn überhaupt, nur in Ausnahmefällen und dann auch nur mit Zustimmung des Bewerbers möglich sein. Die Videoaufnahme erlaubt es auch, bestimmte Szenen mehrmals zu wiederholen sowie die Sequenzen an geeigneten Stellen zu unterbrechen und alternative Verhaltensmöglichkeiten zu erarbeiten.

12.3 Supervision und Rückmeldung

Wie im Kapitel 1 dargestellt, steigert es die Validität des Interviews, wenn mehrere Beurteiler an dem Gespräch teilnehmen. Dieses Konstellation kann zusätzlich optimal dafür genutzt werden, daß ein Interviewer federführend das Gespräch gestaltet und ein anderer Interviewer nur am Rande oder gar nicht in das Gespräch eingreift, und dagegen seine Aufmerksamkeit hauptsächlich auf den Interviewer richtet. Er kann dem Interviewer später Feedback über dessen Gesprächsverhalten geben, indem er z. B. die Formulierung einzelner Fragen mitprotokolliert.

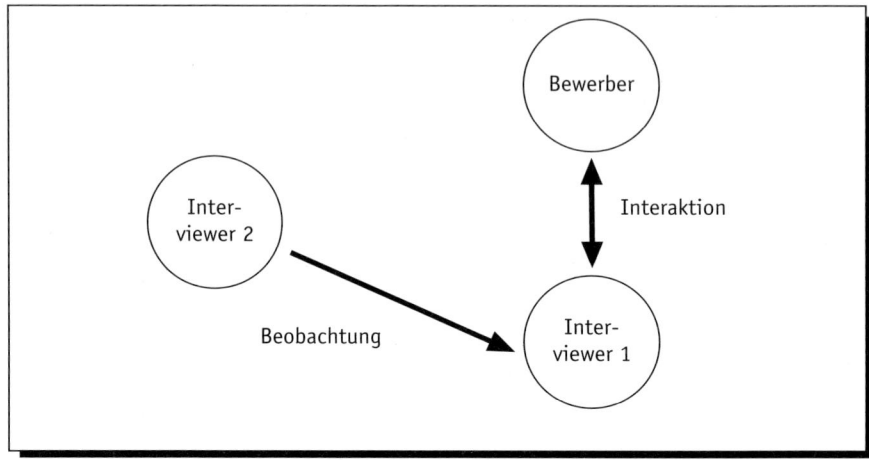

Abb. 37: Konstellation bei der kollegialen Supervision

Die spätere Rückmeldung an den Interviewer kann z. B. mit Hilfe des Formblattes aus Anhang 2 erfolgen. Wird eine solche kollegiale Supervision eingesetzt, ist es dabei natürlich wichtig, daß dies nicht als eine Kontrolle oder Leistungsbewertung des Interviewers aufgefaßt wird, sondern als eine Hilfe, die eigene Arbeit durch das systematische Einholen von Rückmeldungen zu verbessern.

12.4 Lernprinzipien

In diesem Abschnitt sind Gesetzmäßigkeiten des Verhaltenslernens beschrieben, die für jede Art der Verhaltensänderung gelten und auch beim Training des Interviwerverhaltens beachtet werden sollten.

12.4.1 Schritt für Schritt vorgehen

In den vorangegangenen Kapiteln wurden verschiedenste Techniken dargestellt, die zu einer Erhöhung der Validität des Interviews beitragen können. Würde man versuchen, alle beschriebenen Techniken gleichzeitig anzuwenden, so würde dies sicherlich mehr Verwirrung erzeugen, als es Nutzen bringen würde. Daher ist es sinnvoller, sich jeweils nur auf einen speziellen Aspekt der Gesprächsführung zu konzentrieren.

12.4.2 Von der seriellen zur parallelen Informationsverarbeitung

Unser Gehirn kann ähnlich einem Computer Informationen parallel oder seriell verarbeiten, in verschiedenen Phasen des Erwerbs neuer Verhaltensweisen erfolgt die Informationsverarbeitung dabei unterschiedlich.

a) Serielle Informationsverarbeitung

Am Anfang des Verhaltenslernprozesses ist eine serielle Informationsverarbeitung nötig. Das heißt, man muß sich in einer Situation ganz auf einen Aspekt (die gewünschte neue Verhaltensweise) konzentrieren. Ein großer Teil der geistigen Kapazität wird für die bewußte Steuerung gebraucht. Der Begriff »seriell« beschreibt dabei die Tatsache, daß man verschiedene Dinge nur in Serie, d. h., nacheinander im Kopf behalten kann. Das Motto der seriellen Informationsverarbeitung ist: »Eines nach dem anderen«.

Wenn Sie nur wenig Übung mit den in diesem Buch beschriebenen Techniken haben, so können Sie sich z. B. während des Vorstellungsgespräches nicht gleichzeitig voll auf das Generieren von Fragen und voll auf die Antworten des Bewerbers konzentrieren, es ist nur für eines von beidem geistige Kapazität vorhanden. Die serielle Informationsverarbeitung ist der willentlich kontrollierte Teil des Verhaltens, der natürlich einer relativ großen Aufmerksamkeitskapazität bedarf. Man kann sich die Arbeit dadurch erleichtern, daß man im Vorfeld einige zentrale Fragen formuliert und diese schriftlich fixiert.

b) Parallele Informationsverarbeitung

Nach einiger Zeit der Übung kann dann die Informationsverarbeitung parallel erfolgen, d. h., man kann dann mehrere Dinge gleichzeitig tun, man braucht nur noch sehr wenig gedankliche Kapazität für die bewußte Ausführung des Zielverhaltens, man kann sich statt dessen fast voll auf die Situation konzentrieren. Im Gegensatz zur seriellen Verarbeitung ist es bei der parallelen Verarbeitung möglich, zwei oder mehrere Dinge gleichzeitig, parallel ablaufend, zu tun. Z. B. kann man dann während des Gespräches gleichzeitig Fragen generieren und die Antworten des Bewerbers konzentriert mitverfolgen. Durch Übung wird der anfänglich aufmerkamkeitsverschlingende serielle Kontroll- und Veränderungsprozeß zunehmend automatisiert und der Teil der dazu notwendigen Aufmerksamkeit zunehmend geringer.

Dieser Prozeß – von der seriellen zur parallelen Verarbeitung – läuft immer ab, wenn wir neue Verhaltensweisen lernen, z. B. wenn wir lernen, in England Auto zu fahren oder uns mit der linken Hand die Zähne zu putzen. Der Prozeß braucht am Anfang unsere ganze Aufmerksamkeitskapazität, nach einiger Zeit geht alles ganz automatisch.

12.5 Beobachtungsblatt: Rückmeldung des Interviewerverhaltens

Das nachfolgend abgebildete Beobachtungsblatt hat sich in der Praxis für Aufgaben-
stellungen bewährt, bei denen es darum geht, von einem Kollegen ein strukturiertes
Feedback zum eigenen Interviewerverhalten zu erhalten.

Rückmeldung des Interviewerverhaltens	
Aufmerksamkeit/Zuwendung	Desinteresse/Nichtverstehen
• Körper zugewandt • Blickkontakt • Kopfnicken • Lächeln	• Blick abwenden • Blättern in Papieren • Häufig auf die Uhr schauen • Arme verschränken
Anteil der Fragearten ◯ ——————————— ◯ 100% offene Fragen 100% geschlossene Fragen Gesprächssteuerung ◯ ——————————— ◯ 100% durch Interviewer 100% durch Bewerber Wie wurde das Gespräch gesteuert?	
gute Formulierungen	verbesserungsfähige Formulierungen

12.6 Schlußbemerkung

Bei der Fähigkeit, ein Vorstellungsgespräch effizient zu führen, handelt es sich um eine ganze Reihe von Verhaltens-Fertigkeiten. Solche Verhaltensfertigkeiten können mit Hilfe eines Buches nur bedingt erlernt werden. Ein Buch kann die prinzipiellen Zusammenhänge darstellen und Denkanstöße für die eigene Arbeit geben. Weiterhin kann es als ein Nachschlagewerk dienen, das man zur kritischen Begleitung der eigenen Praxis sehr gut verwenden kann. Letztendlich wird man jedoch die beschriebenen Verhaltensweisen nur durch das eigene Tun erfahren können und die jeweils erfolgreich angewandten Verhaltenssequenzen werden sich mit der Zeit verinnerlichen. Dazu bedarf es jedoch immer der eigenen Erfahrung im jeweiligen eigenen Handlungsfeld sowie der Rückmelung und eventuell der Korrektur durch andere Personen. Daher ist es immer sehr sinnvoll, das Üben der entsprechenden Verhaltensweisen mit Unterstützung anderer Personen z. B. der von Kollegen durchzuführen.

Trainings zu diesen Themengebiet führt durch:

Diplom-Psychologe
Eberhardt Hofmann
Neulandstr. 24
88046 Friedrichshafen
Tel. 0 75 41/5 68 75

ANHANG 1

Im Anhang 1 befinden sich Übungen, die sich auf die in den jeweiligen Kapiteln beschriebenen Techniken beziehen.

Übung: Aspekte einer Nachricht

Diese Übung dient dem Heraushören der verschiedenen Aspekte einer Mitteilung (vergl. Kap 2). Für diese Übung benötigt man insgesamt zehn Teilnehmer. Man kann sie auch mit weniger als zehn Teilnehmern durchführen, dann müssen aber einige Teilnehmer mehrere Aufgaben übernehmen.

Zunächst werden zwei Personen bestimmt, die ein Gespräch über ein beliebiges Thema miteinander führen sollen (Person A und Person B), diese sitzen sich gegenüber. Hinter der Person A und der Person B sitzen jeweils 4 weitere Personen, jede dieser Personen ist für einen Aspekt der Nachricht zuständig.

- eine für den Sachaspekt
- eine für den Beziehungsaspekt
- eine für den Appellaspekt
- eine für den Selbstmitteilungsaspekt

Person A beginnt mit einem Statement. Die vier Personen, die hinter Teilnehmer B stehen, interpretieren das von der Person A Gesagte bezüglich der vier Aspekte der Nachricht, sie benutzen dazu Formulierungen in der wörtlichen Rede. Danach gibt die Person B ihr Statement ab, die Personen hinter Person A formulieren die vier Aspekte der Nachricht von Person B usw. Die vier Personen, die hinter A bzw. B stehen sind gewissermaßen das »Echo« der Mitteilung auf den verschiedenen Ebenen.

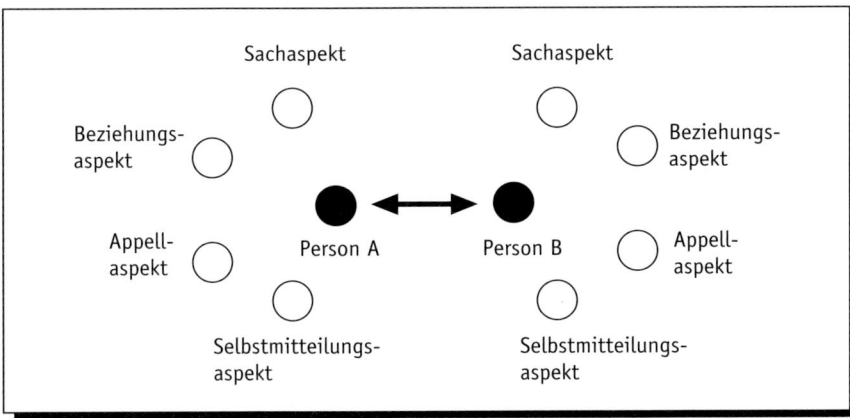

Abb. 38: Aspekte einer Nachricht

Beispiel

Auf die Aussage der Person A : »Sag mal, ist noch Kaffee da?« kann folgendes Echo erfolgen:

Echo Sachaspekt B: »Gibt es noch Kaffee?«

Beziehungsaspekt B: »Du hast mir gefälligst Kaffee bereitzustellen«

Appellaspekt B: »Bitte hol mir neuen Kaffee«

Selbstmitteilungsaspekt B: »Ich habe Durst«

Übung: Offene und geschlossene Fragen

Nachfolgend finden Sie einige offene und geschlossene Fragen vor. Formulieren Sie jeweils in offene bzw. geschlossene Fragen um (vergl. Kap. 4).

Offen	Geschlossen
Unter welchen Bedingungen können Sie gut arbeiten?	. . . .
Wie verbringen Sie Ihre Freizeit?	. . . .
Wie war das früher?	. . . .
Was erwarten Sie von einem guten Seminar?	. . . .
Wie war das Wochenende?	. . . .
. . . .	Wieviele Stunden arbeiten Sie pro Tag?
. . . .	Wieviele Personen waren anwesend?
. . . .	Stört Sie das Licht?
. . . .	Kommen Sie mit dem PC zurecht?
. . . .	Hat Ihnen die Sendung gefallen?
Eine mögliche Lösung befindet sich auf der nächsten Seite.	

Beispiellösung zur Übung »Offene und geschlossene Fragen«

Es handelt sich bei den angegebenen Lösungen nur um Beispiellösungen, auch andere offene und geschlossene Fragen sind natürlich möglich.

Offen	Geschlossen
Unter welchen Bedingungen können Sie gut arbeiten?	**Brauchen Sie Zeitdruck?**
Wie verbringen Sie Ihre Freizeit?	**Machen Sie gerne Sport?**
Wie war das früher?	**War es früher auch so hektisch?**
Was erwarten Sie von einem guten Seminar?	**Muß ein Seminar Übungen enthalten?**
Wie war das Wochenende?	**Haben Sie sich gut erholt?**
Wie gestaltet sich Ihr Tagesablauf?	Wieviele Stunden arbeiten Sie pro Tag?
Wie war die Veranstaltung?	Wieviele Personen waren anwesend?
Wie empfinden Sie die Arbeits-bedingungen?	Stört Sie das Licht?
Wie sind die Arbeitsgeräte?	Kommen Sie mit dem PC zurecht?
Was war für Sie charakteristisch an der Sendung?	Hat Ihnen die Sendung gefallen?

Übung: Offene Fragen formulieren

Die nachfolgenden Fragen stammen zum Teil aus veröffentlichten Interviewleitfä-
den und sollten in dieser Form zumindest als Einstiegsfrage nicht gestellt werden.
Formulieren Sie diese Fragen offen (weit) um (vergl. Kap. 3).

Beispiel:

Die Frage »Welche Fächer haben Sie besonders interessiert?« kann mit kurzen Fakten beantwortet werden (z. B. mit »Mathematik und Physik«). Derselbe Inhalt kann
auch mit der wesentlich weiteren Formulierung: »Wie hat sich Ihr Studium gestaltet?« erreicht werden.

- Interessieren Sie sich auch heute noch für diese Fächer?
- Wurden Ihre Erwartungen an die Ausbildung erfüllt?
- Lohnt sich eine Promotion heute noch?
- Wären Sie gerne an der Hochschule geblieben?
- Liegt Ihnen wissenschaftliches Arbeiten?
- Haben Sie Geschwister oder sind Sie ein Einzelkind?
- Welchen Beruf hatte Ihr Vater?
- Ist die Beschäftigung mit Ihrem Hobby sehr zeitintensiv?
- Wo würden Sie heute am liebsten leben?
- Hatten Sie einen eigenen Entscheidungsbereich?
- Hat Ihnen die Tätigkeit gefallen?
- War die Zusammenarbeit mit den Kollegen gut?
- Haben Sie das Aufgabengebiet gewechselt?
- Kommen Sie mit Ihren Mitarbeitern gut aus?
- Lassen Sie Ihren Mitarbeitern Spielraum bei Entscheidungen?
- Wissen Sie, wo wir unsere Betriebsstätten haben?
- Welche Schulen haben Sie besucht?
- Haben Sie eine Universität besucht?
- Welche Position möchten Sie in fünf Jahren haben?
- Halten Sie sich für anpassungsfähig?
- In welchem Ort war Ihre Schule?
- Wie lange waren Sie auf der Schule?
- Welche Hobbys haben Sie?
- Macht Ihnen Ihre jetzige Tätigkeit Spaß?
- Werden Sie dabei körperlich gefordert?
- Was sind Ihre Stärken?
- Kennen Sie jemanden, der den gleichen Beruf ausübt?
- Wie kommen Sie zu Ihrer Arbeitsstätte?
- Würden Sie den gleichen Beruf nochmals wählen?
- Was gefällt Ihnen an Ihrem Beruf besonders?

- Deckt sich die Tätigkeit mit den Vorstellungen, die Sie davon hatten?
- Was für einen Einfluß hatten Ihre Eltern auf die Berufswahl?
- Was machen Sie in Ihrer Freizeit?
- Wie fühlen Sie sich in Ihrem Beruf?
- Welche Arbeitsplätze gibt es in Ihrer Abteilung?
- Welche Vor- und Nachteile hat Ihr Beruf?
- War Ihre schulische Ausbildung gut?
- Hängt Ihr Hobby mit Ihrem Beruf zusammen?
- Hatte Ihr Vater den gleichen Beruf wie Sie?
- Können Sie Ihre Stärken im Beruf einsetzen?
- Würden Sie den gleichen Beruf nochmals wählen?
- Hatten Sie konkrete Vorstellungen von Ihrem Beruf?

Übung: Paraphrasieren

Für diese Übung benötigen Sie einen Übungspartner, mit dem Sie sich über ein beliebiges Thema unterhalten. Wiederholen Sie dabei nach jedem Statement Ihres Partners sinngemäß, was der Partner zuvor gesagt hat, bevor Sie Ihr eigenes Statement abgeben.

Sie können dabei gezielt folgende Variationen vornehmen:

- Sie können die Stimme am Schluß der Wiederholung heben und dadurch das Wiederholen zu einer impliziten Frage machen.
- Sie können das zuvor Gesagte bewußt falsch wiederholen und damit Widerspruch und Richtigstellung bei dem Gesprächspartner erzeugen.

Die Wiederholungen können Sie z. B. mit folgenden Formulierungen beginnen:

- »Lassen Sie mich noch einmal zusammenfassen ...«
- »Habe ich richtig verstanden, daß ... ?«
- »Ich möchte an dieser Stelle kurz ein Fazit ziehen«
- »Wenn ich es richtig verstanden habe, meinen Sie ...«
- »Stelle ich mir richtig vor, daß ...?«
- »Ist es Ihnen recht, wenn ich schreibe ...?«

Übung: Nachfragen

Nachfolgend sind Antworten aufgeführt, die relativ vage sind. Unterstreichen Sie diejenigen Begriffe, die man nachfragen muß, um ein genaues Bild von dem zu erhalten, was der Bewerber (nicht) sagt. Formulieren Sie Nachfragen dazu (vergl. Kap. 5).

Beispiel:

Ich möchte *die Ziele* (welche?), die ich mir gesetzt habe, *im Auge behalten* (was heißt »im Auge behalten?«).

- Ich bin ein Mensch, der auch in der Freizeit versucht, andere ein wenig zu motivieren.
- Ich habe auch einige Mankos im Arbeitsverhalten.
- Ich kann so mit Leuten umgehen, daß ich als Vorgesetzter akzeptiert werden kann.
- Man sollte versuchen, Informationen an die Mitarbeiter zu geben.
- Meistens kommt etwas zurück, manchmal muß man es auch anmahnen.
- Man hat versucht, die Kollegen in die entsprechende Richtung zu bringen, indem man ihnen die Argumente aufgezeigt hat.
- Ich werde dies dem Kollegen in einem Gespräch verdeutlichen.
- Man muß versuchen, die Kollegen zu motivieren, damit sie an einem Strang ziehen.
- Zu meinem direkten Vorgesetzten habe ich nicht das beste Verhältnis
- Die reine Bürotätigkeit gibt mir nichts.
- Das Arbeitsklima muß intakt sein.
- Die Zusammenarbeit des Teams muß auf einem hohen Niveau gehalten werden.
- Oftmals hat man keinen Lösungsansatz und muß Strategien entwickeln.
- Ich kann mir auch manchmal eine Meinung anderer anhören.
- Meinen Entwicklungsbedarf sehe ich in der Optimierung einzelner Fähigkeiten.
- Man konnte sich immer auf mich verlassen.
- Meiner Meinung nach war ich der beste Verkäufer.
- Ich arbeitete an der Systemsteuerung mit.
- Wir entwickeln Steuerungselemente.
- Es passierten Dinge, mit denen man nicht gerechnet hatte.
- Ich bin immer bemüht, eine konstruktive Lösung zu finden.

Übung: Blech reden

Um das Gespür dafür zu verfeinern, wie man ein Gespräch auf sehr allgemeinem Niveau halten kann, ohne konkrete Aussagen zu tätigen, dient folgende Übung:

Unterhalten Sie sich mit einem Übungspartner über ein beliebiges Thema. Versuchen Sie dabei, sich nur in Allgemeinsätzen und vagen Andeutungen zu ergehen, die viele Formulierungen enthalten mit den Worten:

- Wir
- Man
- Alle
- Jede(r)
- Sämtliche
- Irgendeiner
- Immer
- Die Fachwelt
- Es
- Generell
- Häufig
- Die Firma
- Niemals
- Keine(r)
- Nichts
- Nie
- Nirgends

So ein Gespräch kann z. B. folgendermaßen ablaufen:

A: »Man sollte mehr für den Fortschritt tun«

B: »Ja, wir profitieren alle von einer guten Zukunft«

A: »Die Menschen müßten sich nur mehr Gedanken darüber machen«

B: »Es ist immer gut, wenn man etwas aktiv gestaltet«

A: »Das müßte viel häufiger passieren«

B: »Man sollte sich immer verbessern«

etc.

Übung: Meta-Modell

Überprüfen Sie die nachfolgenden Aussagen mit Hilfe des Meta-Modells. Unterstreichen Sie Universalquantifizierungen, Nominalisierungen und Tilgungen (vergl. Kap. 6).

Beispiel:

»*Man* (Universalquantifizierung) hat ja eine *gewisse Persönlichkeit* (Tilgung*)*, die *man* (Universalquantifizierung) nicht verändern möchte.«

- Man wird ja von anderen Menschen in einer gewissen Weise eingeschätzt.
- Ich arbeite an der Verbesserung meiner Defizite.
- Privates und Berufliches muß im Einklang stehen.
- Bei unserer Arbeitsorganisation bleiben viele Dinge liegen.
- Mir ist eine gute Zusammenarbeit mit Vorgesetzten und Kollegen wichtig.
- Man muß den richtigen Weg finden, um die Mitarbeiter nicht vor den Kopf zu stoßen.
- Man hat versucht, die Kollegen in die entsprechende Richtung zu bringen, indem man ihnen die Argumente aufgezeigt hat.
- Meine Stärke ist der Umgang mit Menschen.
- Es gibt mit Sicherheit Möglichkeiten, Verbesserungen vorzunehmen.
- Die Interessen aller Beteiligten sollten in die Zusammenarbeit einfließen.
- Der Reiz der Aufgabe ist die Art der Herausforderung.
- Es ging mir wie jedermann, mit einigem war man nicht zufrieden.
- Ich habe immer den Erwartungen entsprochen.
- Man muß die Frustration konstruktiv bekämpfen.

Die Lösung befindet sich auf der Seite 148.

Übung: Nominalisierungen

Zum Erkennen von Nominalisierungen (vergl. Kap. 6) kann folgende Übung dienen. Jeweils einer von zwei Sätzen enthält ein Substantiv, der andere eine Nominalisierung. Prüfen Sie anhand der Kriterien für das Vorliegen einer Nominalisierung, ob es sich jeweils um ein Substantiv oder um eine Nominalisierung handelt. Kennzeichnen Sie Substantive mit einem »S« und Nominalisierungen mit einem »N«.

a) 1: »Ich habe ein Auto«
   2: »Ich habe viel Arbeit«

b) 1: »Ich erwarte einen Brief«
   2: »Ich erwarte Unterstützung«

c) 1: »Meine Erwartungen waren zu groß«
   2: »Mein Mantel ist zu groß«

d) 1: »Ich habe mein Ziel verloren«
   2: »Ich habe meine Uhr verloren«

e) 1: »Ich brauche Wasser«
   2: »Ich brauche Bestätigung«

f) 1: »Versagen ängstigt mich«
   2. »Große Hunde ängstigen mich«

Die Lösung befindet sich auf der Seite 149.

Beispiellösung zur Übung Meta-Modell

U = Universalquantifizierung

N = Nominalisierung

T = Tilgung

- *Man* (U) wird ja von *anderen* (U) Menschen in einer *gewissen* (T) Weise eingeschätzt.
- Ich arbeite an der *Verbesserung* (N) meiner Defizite.
- *Privates* (T) und *Berufliches* (T) muß im Einklang stehen.
- Bei *unserer* (U) *Arbeitsorganisation* (N) bleiben *viele Dinge* (U) liegen.
- Mir ist eine gute *Zusammenarbeit* (N) mit Vorgesetzten und Kollegen wichtig.
- *Man* (U) muß den *richtigen Weg* (T) finden, um *die Mitarbeiter* (U) nicht vor den Kopf zu stoßen.
- *Man* (U) hat versucht, die Kollegen in die *entsprechende Richtung* (T) zu bringen, indem *man* (U) ihnen die *Argumente* (T) aufgezeigt hat.
- Meine Stärke ist der *Umgang* (N) mit *Menschen* (U).
- Es gibt mit Sicherheit *Möglichkeiten* (T), *Verbesserungen* (N) vorzunehmen.
- Die Interessen *aller* (U) Beteiligten sollten in die *Zusammenarbeit* (N) einfließen.
- Der *Reiz* (N) der Aufgabe ist die Art der *Herausforderung* (N).
- Es ging mir wie *jedermann* (U), mit *einigem* (T) war *man* (U) nicht zufrieden, mit *anderem* (T) nicht.
- Ich habe *immer* (U) *den Erwartungen* (T) entsprochen.
- *Man* (U) muß die *Frustration* (N) *konstruktiv* (T) bekämpfen.

Lösung zur Übung »Nominalisierung«

a) 1 = S
   2 = N

b) 1 = S
   2 = N

c) 1 = N
   2 = S

d) 1 = N
   2 = S

e) 1 = S
   2 = N

f) 1 = N
   2 = S

Übung: Originalität von Antworten

Stellen Sie mit einem Übungspartner die folgenden Fragen. Vergleichen Sie die gegebenen Antworten mit den angegebenen Standardantworten. Entspricht die Antwort der Standardantwort, notieren Sie »0«, weicht die Antwort von der Standardantwort ab, notieren Sie »1«. Bilden Sie am Schluß den Gesamtwert für die Originalität der Antworten.

- »Was hat Sie bisher am stärksten frustriert?«
  Zu geringe Aufstiegsmöglichkeiten   0   1

- »Was ist wichtig für Ihre berufliche Zufriedenheit?«
  Anerkennung, Freiräume, Herausforderungen   0   1

- »Welche Bücher haben Sie in den letzten 12 Monaten gelesen?«
  Bestsellerliste des »Spiegel« oder »Focus«   0   1

- »Was erwarten Sie von Ihrem künftigen Vorgesetzten?«
  Führung, Leitung, Lerneffekte   0   1

- »Was tun Sie lieber: Zuhören oder selber reden?«
  Sie hören natürlich lieber zu   0   1

- »Welche Eigenschaften an anderen Menschen stören Sie
  am meisten?«   0   1
  Unehrlichkeit, Unzufriedenheit

ANHANG 2

Im Anhang 2 befinden sich die in den jeweiligen Kapiteln beschriebenen Formblätter

Gesprächsplan

1. Begrüßung

2. Den Bewerber zum Sprechen bringen

3. Ablauf des Gespräches erklären

4. Eventuelle Fragen zum Lebenslauf klären

5. Die aus der Sicht des Bewerbers ideale Arbeit

6. Was wissen Sie über unser Unternehmen?

7. Problemlösen

8. Streß/Belastungen

9. Selbsteinschätzung

10. Spezielle Anforderungen

11. Informationen zur Stelle

12. Fragen des Bewerbers/weiteres Vorgehen

13. Abschluß des Gespräches

Formblatt: Erhebung spezieller Anforderungen (1)

Beschreibung der schwierigen Situation im letzten Jahr:

Wie handelt ein guter Stelleninhaber?

Wie handelt ein weniger guter Stelleninhaber?

Frage an den Bewerber:

Formblatt: Erhebung spezieller Anforderungen (2)

Quellen der Frustration:
a) aus Sicht des Vorgesetzten

b) aus Sicht des derzeitigen Stelleninhabers:

Frage an den Bewerber:

Auswertungsblatt: Präsentation	Name:

1. Präsentationsverhalten:

   a) verbales Verhalten

   Lautstärke 〔1〕〔2〕〔3〕〔4〕〔5〕

   Modulation 〔1〕〔2〕〔3〕〔4〕〔5〕

   Sprechtempo/Sprechpausen 〔1〕〔2〕〔3〕〔4〕〔5〕

   Ausdrucksvermögen 〔1〕〔2〕〔3〕〔4〕〔5〕

   b) nonverbales Verhalten:

   Blickkontakt 〔1〕〔2〕〔3〕〔4〕〔5〕

   Gestik 〔1〕〔2〕〔3〕〔4〕〔5〕

   Haltung/Bewegung 〔1〕〔2〕〔3〕〔4〕〔5〕

   Mimik 〔1〕〔2〕〔3〕〔4〕〔5〕

2. Mediengestaltung 〔1〕〔2〕〔3〕〔4〕〔5〕

3. Umgang mit den Medien 〔1〕〔2〕〔3〕〔4〕〔5〕

4. Aufgabenerfüllung 〔1〕〔2〕〔3〕〔4〕〔5〕

5. Inhalt 〔1〕〔2〕〔3〕〔4〕〔5〕

6. Zusätzliche Stimulanz 〔1〕〔2〕〔3〕〔4〕〔5〕

Gesamtbewertung 〔1〕〔2〕〔3〕〔4〕〔5〕

Beobachtungsblatt zum Zweiergespräch	

☐++
☐+
☐0
☐–
☐–

Auftreten: arrogant – aufdringlich – befangen – ernst – gehemmt – heiter – höflich – korrekt – lässig – schwerfällig – sicher – unsicher – zurückhaltend – gewandt

Beobachtungen:

☐++
☐+
☐0
☐–
☐–

Ausdrucksvermögen: flüssig – präzise – klar – knapp – macht viele Worte – redegewandt – schlagfertig – treffend – umständlich – unklar – behält den Faden

Beobachtungen:

☐++
☐+
☐0
☐–
☐–

Dyadische Kommunikation: hält Blickkontakt – nutzt Mimik und Gestik – gliedert seine Ausführungen – kontrolliert, ob er verstanden wurde – wendet sich dem Gesprächspartner zu – verteilt die Redezeit etwa gleich – läßt Gesprächspartner ausreden

Beobachtungen:

☐++
☐+
☐0
☐–
☐–

Nervosität: zeigt motorische Unruhe – wirkt ruhig und ausgeglichen – Verlegenheitsgesten – bleibt in kritischen Situationen ruhig – verhält sich unkompliziert

Beobachtungen:

Bemerkungen:

Systematische Auswertung	Name:

Differenziertheit der Vorstellungen zu:

Arbeitsinhalt · ① ② ③ ④ ⑤

Arbeitbedingungen · ① ② ③ ④ ⑤

Antwortqualität beim Nachfragen zu:

Problemlösen · ① ② ③ ④ ⑤

Streß/Belastung · ① ② ③ ④ ⑤

Selbsteinschätzung · ① ② ③ ④ ⑤

Spezielle Anforderungen · ① ② ③ ④ ⑤

Reaktion auf offene Fragen · ① ② ③ ④ ⑤

nutzt den Freiraum · knapp

Argumentation bei Stereotyp konträren Fragen · ① ② ③ ④ ⑤

Antwortqualität auf abstrakte Fragen · ① ② ③ ④ ⑤

Punktzahl bei zweigliedrigen Fragen

Punktzahl bei dreigliedrigen Fragen

Punktzahl Originalität

Gesamtbewertung der Präsentation · ① ② ③ ④ ⑤

besonders positiv · besonders negativ

1 = positiv/gut/differenziert · 5 = negativ/schlecht/undifferenziert

Rückmeldung des Interviewerverhaltens

Aufmerksamkeit/Zuwendung	Desinteresse/Nichtverstehen
• Körper zugewandt	• Blick abwenden
• Blickkontakt	• Blättern in Papieren
• Kopfnicken	• häufig auf die Uhr schauen
• Lächeln	• Arme verschränken

Anteil der Fragearten

○ ———————————————— ○

100% offene Fragen   100% geschlossene Fragen

Gesprächssteuerung

○ ———————————————— ○

100% durch Interviewer   100% durch Bewerber

wie wurde das Gespräch gesteuert?

gute Formulierungen	verbesserungsfähige Formulierungen

Literatur:

Ajzen, I. & Fischbein, M. (1977): »Attitude-behaviour-relations: a theoretical analysis an review of empirical research«, Psych. Bullet. (84)

Averey, R. D. & Champion, J. E. (1982): »The employment-Interview: A summary and review of recent research«, Personnel Psychology (35)

Bandler, R. & Grinder, J. (1990): »Metasprache und Psychotherapie«, Junfermann, Paderborn

Böckmann, K. & Heymen, N. (1996): »Fachwissen vermitteln«, Schneider- Verlag, Hohengehren

Coelius, C. (1998): »Fit fürs Bewerbungsgespräch. Überzeugende Antworten auf die 100 wichtigsten Fragen«, CC-Verlag, Hamburg

Craig, F. I. M. & Lockard, R. S. (1972): »Levels of processing: A framework for memory research«, J. of Learn. Verb. Behav. (11)

Deller, J. & Kleinmann, M. & von Hahn, E. (1992): »Das situative Interview«, Personalführung 6.92

DeLuca, M. (1997): »Gratuliere, Sie haben den Job«, Wien, Überreuter

Eckhardt, H. H. & Schuler, H. (1992): »Berufseignungsdiagnostik«, In: Jäger, R. S. & Petermann, F. (Hrsg.) Psych. Diagnostik, Weinheim, Psychologie Verlags – Union

Fruhner, R. & Schuler, H. (1987): »Bewertung eignungsdiagnostischer Verfahren zur Personalauswahl durch potentielle Stellenbewerber«, Vortrag beim 14. Kongreß für Angewandte Psychologie des BDP, Mainz, 1987

Furst, C. J. (1983): »Estimating alcoholic prevalence«, In: Galanter, M.: »Recent development in alcoholism«, Plenum Press, New York

Gniech, G. (1982): »Störeffekte in psychologischen Experimenten«, Kohlhammer, Stuttgart

Graudenz, H. (1987): »Eignungsuntersuchungen aus Sicht der Bewerber«, DGP Informationen (38)

Hall, E. T. (1966): »The hidden dimension«, Garden City, New York

Harper, D. G. & Argent, E. (1975): »An empirical study of power and bargaining in an Industrial organization«, In: Abell, P.: »Organizations as bargaining and influence systems«, Halsted, New York

Harris, M. M. (1989): »Reconsidering the employment interview: A review of recent literature and suggestions to future research«, Personnel Psychology (42)

Hesse, J. & Schrader, H. (1998): »Das perfekte Vorstellungsgespräch«, Eichborn, Frankfurt

Hofmann, E. (1994): »Entscheidungsmatrix: Was will ich?«, In: »Job Fit« Band 10 Forum, Konstanz

Hunter, J. E . & Hunter, R. F. (1984): »Validity and utility of alternative predictors of job performance«, Psychological Bulletin (96)

Hunter, J. E. & Hirsh, H. A. (1987): »Applications of metaanalysis« In: Cooper & Robertson (Hrsg.) »International review of industrial and organizational psychology«, New York, Wiley

Kleinmann, M. (1997): »Assessment Center«, Hogrefe, Göttingen

Langer, I., Schulz von Thun, F. & Tausch, R. (1990): »Sich verständlich ausdrücken«, Reinhardt, München

Miller, G. A. (1956): »The magical number seven, plus or minus two: Some limits in our capacity for processing Information«, Psychological Review (63)

Murdock, B. B. (1962): »The serial position effect in free recall«, Journal of Experimental Psychology (64)

Norman, D. A. (1966): Acquisition and retention in short-term memory« Journal of Experimental Psychology (72)

Petermann, F. (1996): »Grundlagen kontrollierter Praxis«, In: Sarges, W.: »Management – Diagnostik«, Hogrefe, Göttingen

Pryor, J. B., Gibbons, F. X. , Wicklund, R. A., Fazio, R. H. & Hood, R. (1977): »Self- focused attention and self-report validity«, Journal of Personality, 45

Reilly, R. R. & Chao, G. T. (1982): »Validity and fairness of some alternative Procedures«, Personnel Psychology, (35)

Rorschach, H. (1921): »Psychodiagnostik«, Bern, Bircher

Sarges, W. (1996): »Management- Diagnostik«, Hogrefe – Verlag, Göttingen

Schuler, H. (1980): »Das Bild vom Mitarbeiter«, Goldmann, München

Schuler, H. & Moser, K. (1993): »Entscheidung von Bewerbern«, In: Moser, K., Stehle, W. und Schuler, H. (Hrsg.): »Personalmarketing«, Göttingen, Hogrefe

Schuler, H., Frier, D. & Kaufmann, M. (1991): »Validität, Praktikabilität und Akzeptanz eignungsdiagnostischer Verfahren in der Einschätzung der Verwender«, In: Schuler, H. & Funke, U. (1991): »Eignungsdiagnostik in Forschung und Praxis«, Verlag für Angewandte Psychologie, Stuttgart

Schuler, H. & Stehle, W. (1983): »Neuere Entwickllungen des Assessment- Center- Ansatzes – beurteilt unter dem Aspekt des sozialen Validität«, Zeitschrift für Arbeits- und Organisationspsychologie (27)

Schuler, H. (1998): »Psychologische Personalauswahl«, Verlag für angewandte Psychologie, Göttingen

Schulz von Thun, F. (1981): »Miteinander reden: Störungen und Klärungen«, rororo, Hamburg

Theiß, M. & Volz, W. (1994): »Bewerber- Training«, Modul Verlag, Wiesbaden

Thiel, P. (1969): »La notation de l'espace du mouvement et de l'orientation«, L'architecture d'aujourdhui (145)

Wagner – Link, A. (1998): »Kommunikation als Verhaltenstraining«, Pfeiffer, München

Wiesner, W. H. & Cronshaw, S. F. (1988): »A meta-analytic investigation of the impact of interview format and degree of structure on the validity of the employment interview«, Journal of Occupational Psychology (72)

Yate, M. J. (1990): »Das erfolgreiche Bewerbungsgespräch«, Campus

Young, D. M. & Beier, E. G. (1977): »The role of applicant nonverbal communication in the employment interview«, Journal of Employment Counseling (14)